Duden
Lernen lernen

Lerntipps

Duden
Lernen lernen

Lerntipps

Hilfen zur selbstständigen Verbesserung
der Lern- und Arbeitstechniken

von Martin Asmussen
mit Illustrationen von Susanne Bochem

Dudenverlag
Mannheim · Leipzig · Wien · Zürich

Die Deutsche Bibliothek – CIP Einheitsaufnahme
Ein Titeldatensatz für diese Publikation
ist bei Der Deutschen Bibliothek erhältlich.

Das Wort DUDEN ist für den Verlag
Bibliographisches Institut & F. A. Brockhaus AG
als Marke geschützt.

© *Bibliographisches Institut & F. A. Brockhaus AG,*
Mannheim 2001
Redaktion: *Martin Fruhstorfer*
Herstellung: *Petra Moll*
Typografisches Konzept: *Nebe & Topitsch, München*
Satz und Gestaltung: *Nebe & Topitsch, München*
Umschlaggestaltung: *Bettina Bank*
Druck und Bindung: *Neue Stalling GmbH, Oldenburg*
Printed in Germany
ISBN 3-411-71251-1

Liebe Eltern,

unsere Kinder sind gerade heutzutage immer mehr darauf ange-
wiesen, sich selbstständig in einer Informationsgesellschaft
zurechtzufinden. Sie müssen es lernen, eine Flut ständig neuer
Informationen zu sichten, zu werten und zu verarbeiten.

Gerade in der Schule wird das täglich gelernt und eingeübt; Lehrer
bemühen sich, ihren Schülerinnen und Schülern Kompetenzen und
Wissen für den weiteren Lebensweg beizubringen. Daneben werden ihnen aber auch Basisfertigkeiten zum Lernen vermittelt, denn
Schüler, die das Lernen gelernt haben, sind in der Regel wesentlich
erfolgreicher als Schüler, die weniger effizient lernen können.

Mit diesem Band hat der Dudenverlag ein Buch herausgegeben,
das das Lernen als solches vermittelt. Das Buch geht dabei weit
über das hinaus, was die Schulen leisten können. Methoden
zum Lernen, Methoden, die das Lernen erleichtern und die Lernzeit
verkürzen helfen, sind in einer für Schüler der 5. bis 7. Klasse ver-
ständlichen und ansprechenden Art und Weise dargestellt. Dabei
werden besonders die typischen Schwierigkeiten der Schüler
dieser ersten Klassenstufen nach der Grundschule berücksichtigt,
ebenso die typischen Aufgabenstellungen, vom effektiven Umgang
mit Texten bis hin zur mathematischen Textaufgabe.

Die Arbeitseinheiten werden dabei immer wieder durch kleine
Spiele aufgelockert. Sie sollen einer Ermüdung entgegenwirken
und die Motivation zum Lernen erhalten. Gleichzeitig werden dadurch die Methoden und Formen des Lernens geübt und gefestigt.

Liebe Schülerin, lieber Schüler,

dieses Buch zeigt dir mit einer Vielzahl von bewährten Tricks und Kniffen, wie du leichter und besser lernen kannst. Du wirst sehen, vieles wird dadurch einfacher, doch bevor dir das Buch wirklich helfen kann, musst du etwas Mühe und Zeit investieren.

Du solltest dabei aber nicht das ganze Buch an einem Tag durchlesen, sondern dir jeden Tag nur einen Teil vornehmen, den du lesen und dessen Tipps du einüben möchtest.

Neben dem eigentlichen Lernstoff findest du viele Rätsel, Spiele und Aufgaben, die spannend zu bearbeiten sind. Du wirst sehen, dass Lernen nicht nur mühsam ist, sondern auch Spaß machen kann!

Am besten probierst du jeden Tipp für dich aus und entscheidest dann selber, was du für dich übernehmen und wie du in Zukunft lernen möchtest. Wenn du weißt, welchen Tipp du anwenden möchtest, brauchst du sicherlich etwas Zeit, bis er dir in „Fleisch und Blut" übergegangen ist. Je nach Tipp musst du ihn etwa zwei bis drei Wochen immer mal wieder üben. Nimm dir deswegen immer nur ein oder zwei Dinge vor, die du einüben willst, sonst lernst du sie nicht richtig!

Zwischendurch kannst du ja immer wieder eins der Rätsel und Spiele aus Kapitel 2 „Übungen zum Abstraktionsvermögen" machen, zum Auflockern sozusagen.

Und jetzt viel Spaß und vor allem viel Erfolg beim Lernen.

Martin Asmussen
Mannheim, im Januar 2001

Inhaltsverzeichnis

31

1 Grundlagen

Bevor es losgeht

Auch das Lernen kann man lernen! Kaum zu glauben? Doch, wirklich, und wenn du das verstehst, hast du schon den Schlüssel zum leichteren Lernen in der Hand. Warum das so ist und wie du lernen kannst zu lernen, wirst du sehen, wenn du Felix durch dieses Buch folgst.

Felix ist 13 Jahre alt. Er ist nicht der Schlauste und auch nicht der Dümmste. Halt so mittelmäßig. Manche Fächer kann er nicht so gut. Das kann er aber durch seine guten Leistungen in anderen Fächern wieder ausgleichen. Gut ist Felix immer, wenn er Lust zu einem Thema hat. Es fällt ihm dann irgendwie leichter, für die Fächer zu lernen. Insgesamt aber hat Felix zur Schule nur manchmal Lust. Hausaufgaben bringt er möglichst schnell hinter sich – manchmal allerdings schafft er sie schneller als sonst. Er weiß nur nicht so genau, woran das eigentlich liegt.

Seit er aber so ein Buch über das Lernen bekommen hat, hat er Lunte gerochen. „Vielleicht kann ich mir viel Zeit und Mühe sparen, wenn ich meine Art zu lernen verändere?", hofft Felix. Es ist aber auch ein seltsames Buch; immer wenn er es aufschlägt, passiert etwas Merkwürdiges: Er sieht ein mysteriöses Mädchen. Er kann mit ihr sprechen und sie antwortet. Aber nur er kann sie sehen, andere nicht.

Neulich hätte er sich fast vor seinem Freund Marc lächerlich gemacht. Er hatte in dem Buch gelesen und nicht gemerkt, dass Marc ins Zimmer gekommen war. Felix unterhielt sich gerade in dem Augenblick mit dem Mädchen. Marc hatte geguckt wie ein

„D-Zug". Zum Glück konnte Felix die Situation noch retten, indem er Marc weismachte, er hätte nur etwas gesummt. Denn niemand darf von dem Mädchen erfahren, weil sie Felix sonst nicht mehr erscheinen kann. Du fragst dich sicherlich, warum nicht?

Das Mädchen kann seine Gedanken lesen und erscheint nur ihm. Felix möchte, dass das Mädchen sein Geheimnis bleibt. Sie hat ihm gesagt, sie heiße Silenda und komme von einem weit entfernten Planeten. Ihre Welt muss dort ganz anders sein als unsere hier. Dort kann jeder zaubern. Und Silenda weiß einfach alles, nur verrät sie Felix fast nie etwas davon. Sie hilft ihm aber, indem sie ihn auf den richtigen Weg bringt. Lieber hätte Felix es allerdings, dass sie ihm seine Hausaufgaben macht, aber das will sie nicht. Sie hat ihm gesagt, dass sie ihm nicht für alles und für immer zur Verfügung stehen könne und er später auch alleine zurechtkommen müsse. Schade eigentlich! Aber Felix versteht schon, dass sie irgendwie Recht hat.

Seit Felix ihre Lerntipps anwendet, erscheint Silenda ihm häufiger, auch ohne dass er das Buch aufschlägt. Irgendwie merkwürdig, aber auch spannend.

Begleite doch einfach Felix und Silenda durch dieses Buch. Wenn du ihnen aufmerksam folgst, die Spiele, Rätsel und Übungen auch selbst machst, wirst du sicher viele nützliche Tipps bekommen.

Die Lösungen zu den Rätseln findest du übrigens immer am Ende des Buches.

Wo lernst du am besten?

Felix lernt am liebsten in seinem Zimmer in seiner Kuschelecke. Die ist nur schummerig beleuchtet und hat keine Arbeitsfläche, an die man sich setzen könnte. Marc sagt, dass **er** dort nie lernen könnte, doch Felix findet, dass es bei ihm aber so gemütlich ist. Außerdem hat er sich an die Kuschelecke gewöhnt, und es macht ihm Spaß, dort seine Hausaufgaben zu machen.

Felix hat Recht, weil er sich einen festen Arbeitsort gewählt hat, an dem er sich wohlfühlt und gerne lernt. Sein Freund hat Recht, weil Felix kaum im Liegen schreiben kann. Außerdem ist das Licht in seiner Kuschelecke viel zu schlecht. Und seine Geometrieaufgaben kann er dort sicher auch nicht zeichnen!

Was meinst du, wer von beiden hat Recht?
- *Felix*
- *Sein Freund Marc*
- *beide*
- *keiner von beiden*

Abends meldet sich auch Silenda zu Wort:
„Felix, deine Kuschelecke ist ruhig, urgemütlich, aber zu dunkel. Und zum Schreiben solltest du dich an einen Schreibtisch setzen! Übrigens, bist du eigentlich Rechtshänder oder Linkshänder?"

„Rechtshänder",
sagt Felix und fragt zurück:
„Warum willst du das wissen?"

Silenda antwortet:
„Das ist wichtig, weil bei Rechtshändern das Licht von der linken Seite kommen muss. Bei Linkshändern ist das genau umgekehrt. Aber bei dem Durcheinander ist es klar, dass du dich lieber in deine Ecke verziehst. Wenn ich das so sehe – hast du eigentlich auch einen Papierkorb?"

Kennst du das auch? Der ganze Schreibtisch ist vollgestellt und kein Platz mehr zum Arbeiten? Überall irgendwelche Notizzettel und Krimskrams!
Wie hast du bei dir das Problem gelöst? Hast du vielleicht einen Schreibtisch mit Schubladen, in denen du den ganzen Kram verschwinden lassen kannst?

Felix stöhnt:
„Ja, gestern war er noch hier irgendwo unter dem Schreibtisch!"

Silenda lacht:
„Nur das Genie überblickt das Chaos."

Du fragst dich wahrscheinlich, was das alles soll? An einem gemütlichen, ausreichend großen Arbeitsplatz wirst du wahrscheinlich lieber arbeiten. Es macht einfach mehr Spaß, die Zeit dort zu verbringen. Außerdem schonst du deine Nerven, weil du nicht so viel suchen musst. Bei genügend Platz kannst du sogar noch dein Glas mit Saft oder Tee abstellen, ohne dass deine Hefte und Bücher gleich Flecken bekommen. Vielleicht auch ab und zu eine kleine Schale mit Süßigkeiten?

Versuche doch mal deinen Arbeitsplatz gemütlich und schön zu machen. Sicherlich hast du dafür ganz viele Ideen!

Sieh mal in den nächsten Abschnitt. Dort gibt es Tipps, wie du Platz schaffen kannst.

Was benötigst du zum Lernen?

Felix sucht mal wieder seinen Bleistift. Immer das Gleiche, wenn man etwas braucht, ist es weg.

Plötzlich erscheint Silenda:
„Hallo Felix, du hast wieder mal so viele Sachen auf deinem Schreibtisch, dass hier niemand den Überblick haben kann. Mach einfach Folgendes: Räume alle Sachen vom Schreibtisch in einen Karton und nimm die nächsten Tage immer nur die Sachen raus, die du jeweils wirklich brauchst."

Felix meckert erst, aber er probiert es aus. Nach einer Woche weiß er genau, was er wirklich auf seinem Schreibtisch braucht und was eher nicht.

Wie wäre es, wenn du auch einmal den Versuch startest?
Was du eine Woche lang nicht gebraucht hast, solltest du wegpacken und in den Keller stellen.

Felix steht jetzt glücklich vor einem fast leeren Schreibtisch:
„Silenda, dein Tipp war wieder einmal super. Am liebsten würde ich mich jetzt gleich hinsetzen und etwas tun!"

Silenda bremst ihn: „*Du wirst sicherlich noch viel Zeit an deinem Schreibtisch verbringen. Wir sollten jetzt was anderes machen! Hast du zum Beispiel Lust auf ein kleines Spiel?*"

Felix: „*Na klar, immer!*"

Lies die Liste der Begriffe einmal durch und versuche dir möglichst viele dabei zu merken. Aber wirklich nur einmal lesen!
Decke die Liste nun ab und schreibe möglichst viele der Begriffe hier auf! Wie viele hast du behalten?

Apfel _____
Teddy _____
Computer _____
Füller _____
Meise _____
Auto _____
Lehrer _____
Ente _____

Silenda hat noch eine Idee:
„*Und wie wäre es mit einer Übung, die deine Aufmerksamkeit und Konzentrationsfähigkeit trainiert?*"

Felix:
„*Aber nicht wieder mit Lesen …!*"

Suche die 1 und verbinde die Zahlen so schnell, wie du kannst, in aufsteigender Reihenfolge mit einem Strich, ohne abzusetzen:

4	18	7	16
13	15	6	
9			
	1		
17	10	19	
2			
3	11		
14			
5			
8	12	20	

Wann lernst du am besten?

Felix kommt meistens zur Mittagszeit aus der Schule. An den Tagen, an denen seine Mutter arbeitet, muss er sich dann selbst etwas zu essen machen. Oft ist er zu faul dazu und isst einfach nur schnell irgendetwas aus dem Kühlschrank. Eigentlich will Felix dann sofort seine Hausaufgaben machen, damit er sie schnell hinter sich hat. Nach dem Essen kann er aber fast nie richtig denken.

Kennst du das auch von dir? Kannst du nach dem Essen auch nicht richtig denken?

Silenda erklärt ihm, warum:
„Ihr Menschen seid nunmal so: Nach dem Essen können die meisten von euch sich nur schlecht konzentrieren."

Felix schimpft:
„Na toll, das wusste ich auch schon vorher. Und was mache ich jetzt?"

Nimm dir einen ausreichend großen Zettel. Darauf zeichnest du mit dem Lineal eine Tabelle mit zwei Spalten. Du schreibst ganz oben in die linke Spalte: Arbeitszeit von ... bis ... und oben in die rechte Spalte: Fällt mir leicht/mittel/schwer.

Silenda:
„Ganz ruhig. Zu welcher Tageszeit und in welcher Verfassung kannst du denn am besten lernen?"

Felix ist sich nicht sicher:
„Keine Ahnung, das müsste ich erst ausprobieren!"

„Dann teste es aus!",
rät ihm Silenda,
„du solltest unterschiedliche Tageszeiten ausprobieren. Am leichtesten ist es mit Zeiten, zu denen du noch nichts anderes vorhast."

Jetzt trägst du die Zeiten zum Lernen ein und probierst sie einfach aus. Danach schreibst du in die Tabelle, ob es dir schwer gefallen ist, zu dieser Zeit zu lernen. Später machst du dann deine Hausaufgaben zu den Zeiten, an denen es dir meist leicht fällt, zu lernen.

Arbeitszeit von... bis...	Fällt mir: leicht / mittel / schwer

Wer kann dir beim Lernen behilflich sein?

In Mathematik versteht Felix leider nur noch Bahnhof. Vor allem mit der Bruchrechnung steht er auf dem Kriegsfuß. Er hat den Eindruck, dass er im Laufe der Zeit immer tiefer in die Ahnungslosigkeit abgerutscht ist. Und dadurch, dass er einige Regeln nicht verstanden hat, kann er nun die komplizierteren Aufgaben erst recht nicht lösen. Mit Englisch kommt er dagegen eigentlich ganz gut klar. Nur beim Vokabellernen wünscht er sich manchmal jemanden, der ihn abfragt.

Kennst du auch solche Fächer, in denen du nur noch wenig verstehst?

Felix stöhnt:
„Oh, Mathe, das verstehe ich nie!"

Silenda:
„Du wirst es sicherlich verstehen, vielleicht brauchst du ja Hilfe von so einem Mathemenschen?"

Was würdest du Felix raten?

Felix:
„Die nennt man Nachhilfelehrer! Aber wie komme ich an einen guten?"

Hast du eine Idee, wie man an einen guten Nachhilfelehrer kommt?

Am einfachsten fragst du deine Klassenlehrerin oder den Klassenlehrer nach einer geeigneten Person. Das hat den Vorteil, dass dein Lehrer dann weiß, dass du dich um das Fach bemühst. Außerdem kann er dir sicherlich einen guten nennen.

Eine weitere Möglichkeit wäre, dass du einen Zettel in der Schule oder z. B. in der Stadtbibliothek aufhängst. Oder dass deine Eltern in der Zeitung eine Annonce aufgeben.

Ganz wichtig ist aber, dass du mit dem Nachhilfelehrer oder der Nachhilfelehrerin gut auskommst. Du musst ihn / sie mögen, nur dann kann die Nachhilfe auch Spaß machen und etwas bringen!

Felix:
„Das ist ja prima, der Nachhilfelehrer kann mir dann die Dinge erklären, die ich in der Schule nicht verstanden habe!"

Silenda:
„Ja, aber verlasse dich nicht zu sehr darauf, sonst passt du am Ende im Unterricht überhaupt nicht mehr auf!"

Mit der Nachhilfe ist es so eine Sache. Sie kann dir helfen, erfolgreicher zu sein, sie kann aber auch dazu führen, dass du das selbstständige Arbeiten verlernst. Vielleicht wirst du in der Schule nicht mehr so genau aufpassen, weil dein Nachhilfelehrer dir sowieso alles noch einmal erklärt? Deshalb sollte eine Nachhilfe nur relativ kurz genommen werden (etwa für 2 – 3 Monate), und nur dann, wenn sie wirklich notwendig ist! Vielleicht reichen ja schon die Tipps hier aus dem Buch, sodass du die Nachhilfe gar nicht mehr brauchst?

Stört oder hilft Musik beim Lernen?

Felix hört gerne Musik. Am liebsten „quer Beet", wie er sagt, seine Lieblings-CDs oder was halt im Radio kommt. Er hört auch gern Musik beim Hausaufgabenmachen.

Sein Freund Marc versteht das gar nicht. „Ich könnte mich dabei überhaupt nicht konzentrieren!", sagt er. Die Musik wird aber auch Felix zu viel, wenn er Vokabeln lernen soll. Dann macht er sie aus.

Wie geht es dir?

Hörst du auch Musik, wenn du Hausaufgaben machst?

Geht es deinen Freunden genauso?

Felix ist durch Marc verunsichert und fragt Silenda:
„Silenda, was meinst du dazu? S i l e n d a ! Hörst du mich?"

Silenda:
„Oh, entschuldige, ich habe gerade Kontakt mit Orgon gehabt und nicht zugehört!"

Felix genervt:
„Silenda, was ist besser: mit Musik lernen oder ohne?"

Silenda:
„Ist ja gut, ich hab ja schon deine Gedanken gelesen. Ihr Menschen seid alle verschieden. Jeder sollte einfach wissen, ob er mit oder ohne Musik besser lernen kann!"

Felix:
„Na toll, und wie soll ich das wissen?"

Silenda:
„Du musst es wieder ausprobieren!"

*Probiere es selbst:
Dazu findest du auf der nächsten Doppelseite zwei ähnliche Aufgaben. Die eine Aufgabe sollst du mit und die andere ohne Musik lösen.*

*Du nimmst dazu eine Stoppuhr oder du verabredest dich mit einem Freund oder einer Freundin, die für dich die Zeit stoppen können. Nach der ersten Aufgabe musst du eine Pause von fünf Minuten einlegen. Die zweite Aufgabe sollst du dann **ohne** Musik durchführen.*

← MIT MUSIK

OHNE MUSIK →

Suche den Buchstaben „e" in diesen Texten und streiche ihn durch.

Suche außerdem die Buchstabenfolgen „ab" und „rs" und unterstreiche sie.

Zum Beispiel wird bei dem Wort „aber" „ab" unterstrichen und das „e" durchgestrichen.

Silendas Herkunft

Silenda kommt vom Planeten Orgon. Der liegt einhundert Millionen Lichtjahre von der Erde entfernt. Es herrschen dort ähnliche Lebensbedingungen wie auf der Erde. Es gibt Luft zum Atmen, genügend Wasser, aber ganz andere Tiere und Pflanzen.

Die Lebewesen, zu denen auch Silenda gehört, nennen sich selbst „Mys". Es sind feenartige Wesen, die in Städten leben und die über dem Wasser schweben. Anders als wir Menschen können Mys Gedanken lesen und brauchen nicht zu essen. Das können sie aber, wenn sie wollen.

Die Mys werden sehr alt, gemessen in Erdenjahren. Silenda wäre auf der Erde schon 1002! Auf Orgon ist sie aber noch sehr jung.

Auch auf Orgon müssen die Kinder zur Schule gehen. Es braucht aber nicht gesprochen zu werden, weil die Mys einfach Gedanken lesen. Stell dir einmal vor, dein Lehrer könnte Gedanken lesen!

STOP

Silendas Reise zur Erde

Die Mys sind sehr intelligent. Deshalb weiß Silenda fast alles.
Sie besitzen eine hoch entwickelte Technik.

Sie haben Raumschiffe, mit denen sie in sehr kurzer Zeit sehr
große Entfernungen zurücklegen können. Das Raumschiff,
mit dem Silenda zur Erde geflogen ist, ist ein kleines Raumschiff
der untersten Klasse. Es ist aber trotzdem unvorstellbar schnell.
Silenda brauchte nur wenige Tage, um zur Erde zu fliegen.

Auf die Erde ist sie nur zufällig gestoßen. Sie war nach einem
kleinen Bummel im Weltall auf der Suche nach einem Planeten mit
Wasser. Ihr Raumgleiter braucht nämlich Wasser zum Fliegen.

Als seine Sensoren sich nach einem Planeten mit Wasser aus-
richteten, befand sie sich zufällig in der Nähe der Erde. Der Raumgleiter ortete die Erde und landete an einem kleinen See.
Während der Raumgleiter automatisch Wasser tankte, sah sich
Silenda inzwischen ein bisschen um. Dabei entdeckte sie das Haus
von Felix und seinen Eltern.

*Wie lange hast du gebraucht?
Wie viele „e" hast du gefunden?
Wie viele Buchstabenfolgen hast
du gefunden? Die genaue Anzahl
findest du auf den letzten Seiten
des Buches.*

*Wenn du die Aufgabe mit Musik
schneller lösen konntest, kannst
du dich gut bei Musik konzentrieren. Falls dich die Musik ge-
stört haben sollte, solltest du nur
dann Musik hören, wenn du dich
nicht so stark konzentrieren
musst. Wichtig ist dabei aber vor
allem: Beschummele dich nicht
selbst!*

Wie ist es zu erklären, dass einige mit und andere ohne Musik besser lernen können? Es gibt bei uns Menschen ein so genanntes optimales Aktivierungsniveau des Gehirns. Das heißt, unserer Gehirn muss einen individuellen Grad der Aktivität (oder Wachheit) haben, damit es gut arbeiten kann.

Dieser optimale Grad der Aktivität ist aber von Mensch zu Mensch verschieden. Der eine braucht absolute Ruhe, weil er sein optimales Aktivierungsniveau schon erreicht hat, der andere braucht noch viel Aktivität um sich herum, weil sein Gehirn noch nicht optimal angeregt ist. Deshalb muss man es für sich selbst ausprobieren.

Wichtig ist dabei immer: Wenn das optimale Aktivierungsniveau überschritten wird, sinkt die Leistungsfähigkeit unseres Gehirns. Wir lösen oder bearbeiten Aufgaben dann nicht mehr so schnell wie vorher. Wir brauchen dann mehr Zeit für die gleiche Aufgabe!

Felix fragt Silenda:
„Also, wenn mein Gehirn nicht so wach ist oder auch wenn es zu wach ist oder sehr aufgeregt, dann kann ich nicht so gut lernen?"

„Richtig, Felix,"
antwortet Silenda,
„das Gehirn von euch Menschen funktioniert am besten, wenn es nicht zu wenig, aber auch nicht zu viel angeregt ist. Was zu viel und was zu wenig ist, das ist aber von Mensch zu Mensch verschieden. Jeder muss deshalb das optimale Aktivierungsniveau für sich selbst herausfinden."

Jetzt weißt du, warum du die beiden Aufgaben einmal ohne und einmal mit Musik machen solltest! Du kannst dadurch in etwa herausbekommen, wie es mit deinem optimalen Aktivierungsniveau aussieht, ob du also noch Anregungen von außen brauchst oder halt nicht!

Wie planst du das Lösen von Lernaufgaben?

Letzte Woche hat Felix eine Hausaufgabe aufbekommen: Er hatte eine Woche Zeit, um ein Buch für den Deutschunterricht zu lesen. Ein Woche ist viel Zeit, dachte sich Felix und legte das Buch erst einmal weg. So vergingen die Tage – morgen nun ist die Woche um, und Felix muss das Buch heute noch ganz durchlesen.

Nach ungefähr einer Stunde Lesen merkt er, dass er sich immer weniger konzentrieren kann. Nach zwei Stunden muss er schließlich eine Pause machen, mit einem ganz schlechten Gewissen, weil er ja noch so viel zu lesen hat. Er macht schließlich immer öfter schlapp und weiß zuletzt kaum noch, was in den einzelnen Kapiteln drinsteht.

Was macht Felix falsch?

1. Er sollte sich schon mal eine gute Ausrede überlegen.

2. Er sollte seine Pausen früher machen, bevor er völlig erschöpft ist.

3. Er sollte ein medizinisches Lexikon nehmen und eine Krankheit simulieren üben, damit er morgen zu Hause bleiben kann.

4. Er sollte den Text in kleine Abschnitte einteilen, die er in ca. ½ Stunde lesen kann. Und sich jeweils danach etwas Nettes gönnen.

5. Er sollte erst mal richtig essen.

6. Das Gehirn braucht Zucker. Er sollte losgehen und Bonbons kaufen.

7. Man kann ihm nichts raten. Er hat verloren.

8. Er sollte morgen auf dem Weg zur Schule seine Mitschüler nach dem Inhalt des Buches fragen.

9. Weiter so, es kann ihn nur abhärten.

10. Er muss mehr Zeit für das Lesen einplanen.

11. Tee macht wach. Er sollte viel Tee trinken.

Was kannst du ihm raten?

Streiche an, was du ihm empfehlen würdest.

(Schaue erst danach bei den Lösungen, wie Felix zu helfen ist.)

Silenda lacht:
„Zum Lernen gehören eben auch Pausen dazu. Du musst sie mit zur Lernzeit dazurechnen!"

„Ich dachte, ich kann Zeit sparen, indem ich keine Pausen mache ", erwidert Felix ganz kleinlaut.

„Dein Gehirn braucht aber die Pausen, damit du alles behalten kannst. Deshalb sollte man auch in regelmäßigen Abständen Pausen machen, und du musst dir insgesamt genügend Zeit für das Lernen nehmen. Nur Anfänger planen zu wenig Zeit ein!"

Felix ist schon ganz begeistert:
„Und in jeder Pause mache ich dann was Schönes!"

Felix hat es verstanden: genügend Zeit einplanen!

In den Pausen kannst du dann alles tun, was dir Spaß macht. Es sollte jedoch etwas ganz anderes sein, als das, wovon du dich erholen möchtest. Wenn du vielleicht viel zu lesen hast, solltest du in deiner Pause nicht auch noch lesen! Da würdest du sicherlich nicht entspannen. Du kannst dann aber zum Beispiel Musik hören oder dich bewegen oder ...

Nach spätestens 30 Minuten Lernen solltest du eine kurze Pause machen. Fünf bis zehn Minuten reichen meist aus. Dann wieder eine Lernphase und so weiter. Und nach zwei bis drei Lernphasen solltest du eine längere Pause einlegen.

25

Silenda hilft ihm noch weiter:
„Einen Tipp will ich dir noch zusätzlich geben: Du solltest das Lernen mit etwas Einfachem beginnen. Die richtig schwierigen Aufgaben kannst du ja dann später angehen!"

Felix:
„Heißt das, mit etwas Leichtem komme ich richtig in Fahrt?"

Silenda:
„Genau, du wärmst dich damit sozusagen erst auf!"

Mache am besten zunächst das, was dir leicht fällt, und wechsele dann zu den schwierigeren Aufgaben. Vielleicht liest du zunächst etwas und machst später die Mathematikaufgaben. Oder umgekehrt, je nach dem, was für dich leichter und was schwieriger ist.

Felix stöhnt:
„Aber meistens ist das Lernen doch ziemlich öde!"

Silenda:
„Vielleicht kannst du es ein wenig interessanter gestalten, indem du immer wieder Aufgaben aus anderen Fächern machst?"

Felix:
„Du meinst, erst Lesen, dann vielleicht etwas Mathe, dann wieder Lesen und später Vokabeln lernen?"

Silenda:
„Ja, so in etwa. Das ist dann nicht so eintönig."

Kennst du das auch, du quälst dich durch ein Buch und kommst nicht richtig voran? Dann gönne dir besser eine kurze Pause und mache danach zunächst etwas anderes. Später nimmst du dann das Lesen wieder auf!

Wie kannst du deine Arbeitszeit sinnvoll nutzen?

Felix will Zoologe werden. Die Idee kam ihm, als er einmal einen Film über die Ausbildung zum Tierforscher gesehen hat. Seitdem weiß er, dass er dazu sein Abitur machen muss. Er hat außerdem erfahren, dass er sowohl in Biologie, Mathematik und Physik als auch in Englisch sehr gut sein muss.

Aber erst einmal muss er dieses Schuljahr gut schaffen. Deshalb hat er sich vorgenommen, immer seine Hausaufgaben zu machen. Na ja, fast immer. Zumindest regelmäßig – und Aufgaben nicht mehr als zwei Tage aufzuschieben. Das ist aber gar nicht so leicht, weil er so viele Hobbys hat und viel Zeit mit seinen Freunden verbringen möchte.

Gestern hatte Felix eine geniale Idee:
„Ich mache mir einen Plan. So eine Art Stundenplan für die Schule und für die Freizeit. In diesen Plan trage ich die Zeiten ein, in denen ich lernen will, und schreibe dazu, wie lange ich für die einzelnen Aufgaben vermutlich brauchen werde."

Silenda lobt ihn:
„Das ist ein gute Idee, Felix. Vergiss nicht, dir eine ‚Pufferzeit' einzuplanen, falls du dich mit der Zeit verschätzt hast. Und denke vor allem auch an die Pausen!"

Montag, den

Arbeiten	Uhrzeit / Zeitbedarf	Reservezeit	Wichtig	Schwierigkeit
Schule	7:45 – 12:30	1 Stunde	1	1 – 5
Mittag	bis 14:00			
Treffen mit Marc	14:00 – 16:50		2	
Deutsch	16:50 – 17:20	5 Minuten	4	1
Pause	17:20 – 17:30		1	
Mathe	17:30 – 18:00	10 Minuten	3	4
Pause	18:00 – 18:10		1	
Englisch	18:10 – 18:30	5 Minuten	5	2
Fernsehen	18:30 – 19:00		10	
Abendbrot	19:00 – 19:30		8	
Freizeit	19:30 – schlafen gehen		1	

Diesen Stundenplan füllt Felix für jeden Tag aus. Er trägt oben den Wochentag und das Datum ein.

Dann unter „Arbeiten" alles, was er an dem Tag vorhat – auch Treffen mit Freunden und Fernsehen.

Unter der Überschrift „Uhrzeit / Zeitbedarf" trägt er den Zeitraum von ... bis ... und die Zeitspanne in Stunden und Minuten ein. Unter Reservezeit trägt er ein, wie viel Zeit er zur Sicherheit zusätzlich einplanen will, falls etwas nicht so gut gelingt oder ein Freund anruft.

Bei „Wichtigkeit" trägt er ein, was er wie dringend erledigen muss: Sehr Wichtiges bekommt eine 1, Unwichtiges eine 10.

Zuletzt achtet er immer darauf, dass bei seinen Hausaufgaben etwas Leichtes an erster Stelle steht. Das trägt er auch ein: Aufgaben, die ihm schwer fallen, bekommen die Note 6, Aufgaben, die ihm leicht fallen, die Note 1.

Hast du Lust, dir auch einen solchen Plan aufzuzeichnen? Du kannst ihn dann leer kopieren und dir so deinen eigenen Tagesplan erstellen.

Jetzt ein kleines Spiel?

Schaue dir die Zeichnung an und stelle dir vor, dass die Linien der Ellipsen durchgezogen sind!

Wie viele sichtbare Schnittpunkte der Linien gibt es?

Wie viele „unsichtbare" Schnittpunkte gibt es?

Wie viele Ellipsen haben zwei Schnittpunkte?

Wie viele Ellipsen haben drei Schnittpunkte?

Wie viele Ellipsen haben vier und mehr Schnittpunkte?

2

Übungen zum Abstraktionsvermögen

Um gut lernen zu können, muss man trainieren. Man darf sich nicht zu sehr ablenken lassen, und man muss Wichtiges von Unwichtigem unterscheiden können. Die folgenden Übungen sollen dir dabei helfen, dies zu lernen.

Du brauchst aber gar nicht alle Übungen hintereinander zu machen, sondern kannst dir nach jeweils einem Kapitel oder einem Abschnitt im Buch eine Aufgabe oder ein Rätsel als Belohnung gönnen! Die Lösungen findest du wie immer am Ende des Buches.

Kreuzworträtsel

Felix fragt ungläubig:
„Kreuzworträtsel, um besser lernen zu können? Was haben die denn mit dem Lernen zu tun?"

Silenda:
„Das Kreuzworträtsellösen hilft dir, dich besser zu konzentrieren. Und gleichzeitig lernst du dabei das Verallgemeinern – ihr Menschen sagt dazu auch Abstrahieren. Das ist eine wichtige Art und Weise zu denken!"

waagerecht:

1 für Kinder die schönsten Wochen des Jahres
2 hier können sich die Erwachsenen bei Fangopackungen und Mineralwasser erholen
3 ein Ding aus vielen Gliedern, das zum Verschließen und Befestigen dient
4 ein Insekt, das große Haufen baut
5 eine süße Erfrischung an heißen Sommertagen
6 wer sie verliert, lebt in Schimpf und Schande
7 ein Blutgefäß
8 die Bezeichnung für flache Inseln in der Südsee
9 so nennt man ein männliches Schwein
10 das Gegenteil von jung
11 eine Farbe
12 das entsteht oft im Winter durch Auto- und Industrieabgase
13 eine Märchenfigur, die meist drei Wünsche erfüllt
14 ein anderes Wort für Schluss
15 eine süße, klebrige Leckerei, die vor allem auf Jahrmärkten zu bekommen ist
16 in der Musik der Name für den Dreitonschritt

senkrecht:

17 der Boden, den der Bauer bestellt
18 ein anderes Wort für häufig
19 das Wüstenschiff mit nur einem Höcker
20 eine Kopfbedeckung
21 das wird von einem Gericht zum Schluss im Namen des Volkes erlassen
22 ein Körperteil mitten im Gesicht
23 die Keimzelle aller Lebewesen
24 die rechtliche Lebensgemeinschaft von Mann und Frau
25 ein anderes Wort für verrückt
26 wieder eine Süßigkeit, diesmal schwarz und meist in Spiralen aufgerollt
27 die Kurzform einer Himmelsrichtung
28 das klebt Holz und Papier zusammen
29 ein Busch, der im Frühling weiß oder violett blüht und herrlich duftet
30 das Gegenteil von breit
31 die Abkürzung für eine Sonderkommission der Polizei
32 ein Körperteil, von dem wir zwei am Kopf haben
33 das wird zum Braten benötigt, aber auch um Leder einzuschmieren
34 ein Schwimmvogel
35 mit diesem Wort kann man nach dem Ort fragen

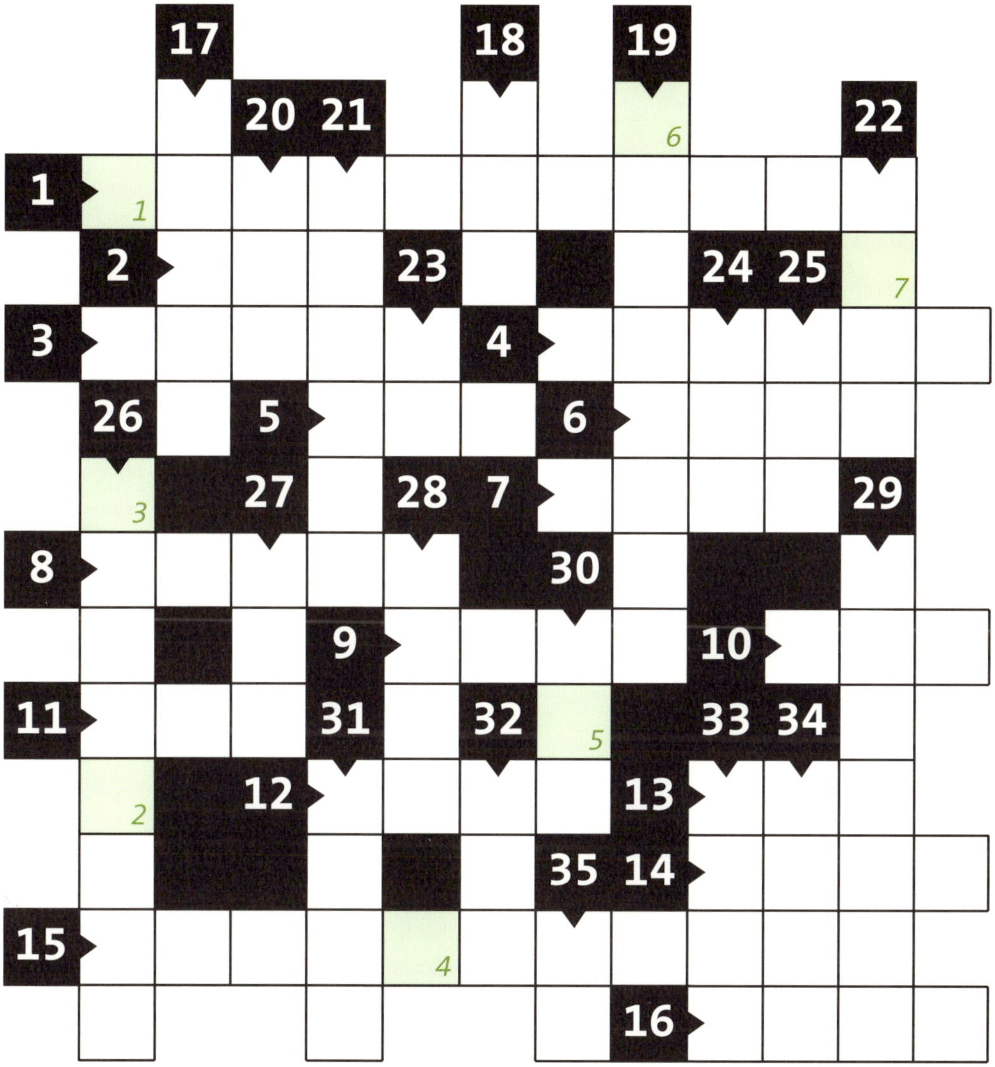
17
18
19
20
21
22
1
2
23
24
25
3
4
26
5
6
27
28
7
29
8
30
9
10
11
31
32
33
34
12
13
35
14
15
16

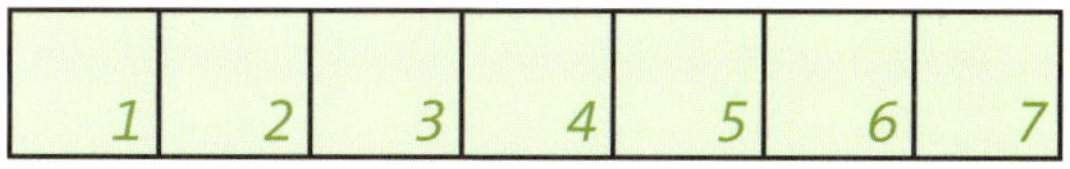
1
2
3
4
5
6
7

Felix sagt zu Silenda:
„Das wäre geschafft! Manchmal finde ich Kreuzworträtsel ja ganz schön schwer!"

Silenda stimmt ihm zu:
„Finde ich auch! Aber schau mal, was ist denn da passiert?"

Felix ist verzweifelt:
„Hiiiiiiiiiiilfeeee!!!"

Ein Virus ist in seinen Computer eingedrungen und hat alles durcheinander gebracht.

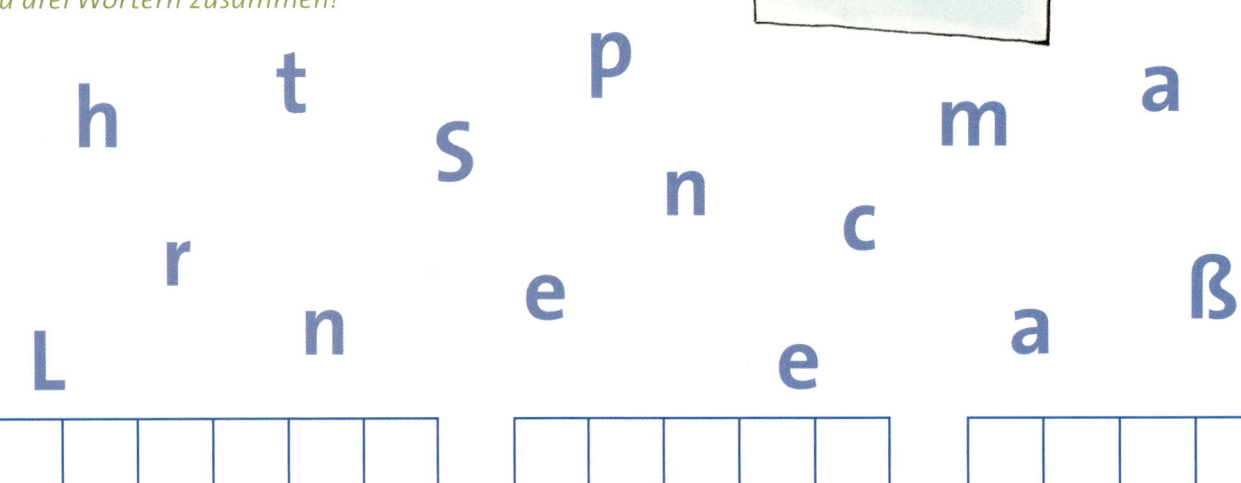

Kannst du den Satz wieder herstellen? Setze die Buchstaben zu drei Wörtern zusammen!

h t p m a
S n c
L r e
L n e a ß

☐☐☐☐☐☐ ☐☐☐☐☐ ☐☐☐☐ !

Buchstabengitter

RAUMGLEITER **SKATEN**
SILENDA **STADION**
INTERNET **ZUG**
SALAT **ORT**
GANG **MUT**
MYSTERIUM **OEL**
SKATER

Versuche einmal die Wörter in dem Buchstabendurcheinander zu finden und kreise sie dann ein.

Lies von oben nach unten, von unten nach oben, schräg nach oben und unten, von links nach rechts, aber auch von rechts nach links.

E	L	S	T	A	D	I	O	N	E	R	I	M
F	S	K	A	T	E	N	R	E	T	N	I	Y
H	J	A	S	A	L	A	T	E	T	C	I	S
V	S	T	K	I	I	W	M	E	C	O	D	T
G	F	E	I	P	L	A	R	X	G	T	S	E
B	D	R	E	T	I	E	L	G	M	U	A	R
N	S	L	P	L	M	I	N	U	I	M	T	I
P	E	L	S	P	O	A	K	D	B	E	P	U
O	T	B	Z	U	G	W	Q	D	A	R	A	M

Oberbegriffe finden

Bei der nächsten Übung sollst du das Gemeinsame, das beide Begriffe verbindet, raten. Ein Tipp: Suche einen Oberbegriff zu beiden Wörtern!

*Zum Beispiel: Was haben ein Schiff und ein Auto gemeinsam? Beides sind **Fahrzeuge.***
*Was haben ein Brot und eine Gurke gemeinsam? Beides sind **Nahrungsmittel.***

Jetzt bist du dran!

Begriff 1	Begriff 2	Lösung
Weinflasche	Gurkenglas	_____
Bleistift	Füller	_____
Kassette	CD	_____
Kartoffel	Zwiebel	_____
Mars	Erde	_____
Mutter	Großvater	_____
Präsident	Direktor	_____
Lineal	Thermometer	_____
D-Mark	Euro	_____
Eule	Bussard	_____
Hammer	Schraubenzieher	_____
Fernsehen	Zeitung	_____
Katze	Käfer	_____
Kaffee	Zigaretten	_____

Übungen zum Alphabet

Silenda zu Felix:
„Felix, hast du Lust auf noch ein Spiel? Es ist auch ganz leicht.
Du musst nur das Alphabet beherrschen!"

Felix schimpft:
„Das Abc ist doch ein Kinderkram."

Silenda beruhigt ihn und erklärt:
„Klar, schwierig ist es nicht, aber du brauchst es immer wieder. Zum
Beispiel beim Nachschlagen von Englischvokabeln. Und je besser du
es kannst, desto mehr Zeit sparst du!"

Kannst du das Alphabet?
Verbinde die Punkte dem Abc
folgend mit einer Linie.
Was erscheint dir?
Male es mit Buntstiften aus.

Anfangsbuchstabe

Du kannst dieses Spiel alleine gegen die Uhr, aber auch zusammen mit einem Freund oder einer Freundin um die Wette machen. Du solltest dafür möglichst nicht länger als sechs Minuten brauchen.

Schreibe zu jedem Buchstaben drei Wörter auf, in denen dieser Buchstabe vorkommt.
Bei mindestens einem Wort soll der Buchstabe der erste Buchstabe sein.

A _____

B _____

C _____

D _____

E _____

F _____

G _____

H _____

I _____

J _____

K _____

L _____

M _____

N _____

O _____

P _____

Q _____

R _____

S _____

T _____

U _____

V _____

W _____

X _____

Y _____

Z _____

Ä _____

Ö _____

Ü _____

Stadt, Land, Fluss

Felix:
„Kennst du das Spiel: ‚Stadt, Land, Fluss‘, Silenda?"

Silenda:
„Stadt, Land, was bitte wie?"

Felix:
„‚Stadt, Land, Fluss‘ – das ist ein lustiges Spiel, das du mit einem oder mehreren Freunden spielen kannst!"

Silenda:
„Nö, kenne ich nicht!"

Felix freut sich:
„Endlich weißt du mal was nicht!"

STADT	LAND	FLUSS	NAME	BERUF	TIER
Berlin	Belgien	Bille	Berta	Bäcker	Bär
Warschau	?	Wolga	Walter	?	?
C...	?	?	?	?	?

Ihr müsst mindestens zwei Spieler sein. Zuerst nehmt ihr jeweils ein Blatt Papier und zeichnet eine Tabelle mit sechs Spalten, die ihr über die gesamte Breite des Blattes gleichmäßig verteilt. Über jede Spalte schreibt ihr, was in diese Spalte hineingehören soll.

Erst sagt einer von euch laut und zügig das Alphabet auf, der andere sagt irgendwann: „Stopp". Jetzt gilt es, möglichst schnell alle Spalten mit Wörtern mit dem Anfangsbuchstaben auszufüllen, bei dem gestoppt wurde. Wer fertig ist, sagt „Halt", dann werden die Ergebnisse verglichen.

Regel: Alles muss ausgeschrieben und vom anderen gelesen werden können! Und für jedes richtige Wort gibt es einen Punkt. Danach spielt ihr die zweite Runde und so weiter.

Lexikonspiel

Silenda:
„Kannst du eigentlich mit einem Lexikon umgehen?"

Felix:
„Ja, schon, aber noch nicht so richtig. Oft finde ich die Sachen einfach nicht."

Wie geht es dir?

Kannst du in einem Lexikon Wörter oder Begriffe finden?

Nimm dir ein Lexikon oder ein Wörterbuch zur Hand. Wie ist es aufgebaut?

Silenda:
„Ist gar nicht so schwer. Was steht denn alles drin?"

Felix:
„Mal schauen! Erst die Zeichenerklärung, und dann kommen Wörter mit dem Buchstaben ‚a'. So viele!"

Silenda:
„Stimmt, erst alle Wörter, die mit dem Buchstaben ‚a' beginnen. Und die sind auch wieder nach dem Alphabet geordnet!"

„Richtig",
stimmt ihr Felix zu.
„Wenn ich auf den zweiten Buchstaben sehe, da stehen wieder alle Wörter mit ‚a' als zweitem Buchstaben als Erstes da. Dann alle Wörter mit ‚b' als zweitem Buchstaben. Dann alle Wörter mit ‚c' und so weiter. Und auch beim dritten, vierten und bis zum letzten Buchstaben im Wort sind sie nach dem Abc geordnet."

1.   2.   3.   4.

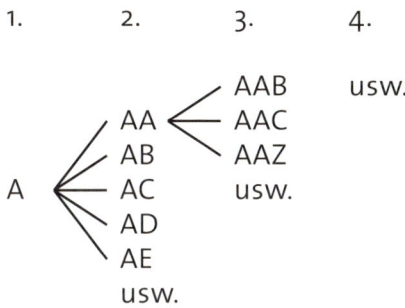

```
                    AAB      usw.
           AA  <    AAC
           AB       AAZ
A   <      AC       usw.
           AD
           AE
           usw.
```

ARKADE	1) _____	
ABERGLAUBE	2) _____	
AZUR	3) _____	
AMTSGERICHT	4) _____	
AGGREGAT	5) _____	
ABART	6) _____	
AVOCADO	7) _____	
ANHANG	8) _____	
ABSCHEU	9) _____	
ALBUM	10) _____	
ANCHOVIS	11) _____	
AZOREN	12) _____	
AUFBRUCH	13) _____	
APANAGE	14) _____	
AQUA	15) _____	

Hier ist wieder einiges durcheinander gekommen. Kannst du helfen, die folgenden Wörter wieder zu ordnen?

Suche zunächst alle Wörter mit dem Anfang „Ab-" heraus. Dann nimm diese Wörter und schaue auf den dritten Buchstaben. Die Wörter müssen hier auch wieder nach dem Alphabet geordnet werden.

Ob du es wohl schaffst, die folgenden zehn Begriffe in weniger als sechs Minuten im Rechtschreibduden zu finden? Suche die Wörter eins nach dem anderen und stoppe die Zeit!

Kleiner Wettbewerb gefällig?

Grimasse, Invasion, kaltwalzen, Rhodopen, Extravaganz, Urknall, Settecento, Katgut, Ausspann, Einschicht

Rätsel mit Zahlen

Jeder Buchstabe steht für eine Zahl. Schreibe unter den jeweiligen Buchstaben, die zu ihm gehörige Zahl. Benutze das Alphabet und schreibe die zu jedem Buchstaben gehörige Zahl (A = 1, ..., Z = 26) unter den Buchstaben! Jetzt hast du ganz schnell die Lösung.

I G I + B H F + C I D + D F B = B A B A

_____ + _____ + _____ + _____ = 2 1 2 1

Wenn du die erste Aufgabe gelöst hast, müsstest du diese Aufgabe leicht lösen können:
Welche Summe ergeben die Buchstaben deines Vor- und deines Nachnamens? Benutze die Zahl-Buchstaben-Kombinationen aus der vorherigen Aufgabe und zähle die Werte der einzelnen Buchstaben zu einer Gesamtsumme zusammen:

Beispiel:
S I L E N D A
19+9 + 12 + 5 +14 + 4 + 1 =64

Mein Vorname: _____

Die Zahlen und die Summe dazu: _____ = _____

Mein Nachname: _____

Die Zahlen und die Summe dazu: _____ = _____

Auf Orgon, wo Silenda herkommt, schreibt man Zahlen mit ganz anderen Zeichen. Silenda hat aber festgestellt, dass unseren Ziffern 0 – 9 folgende Orgonsymbole zugeordnet werden können:

!	#	§	$	%	&	/	(	>	~
1	2	3	4	5	6	7	8	9	0

1) §& : !# = _____

2) $% · / = _____

3) #§ – !% = _____

4) %# + &/ = _____

5) /(– %& = _____

6) &§ : § = _____

7) >$ – $! = _____

8) (> · / = _____

9) §$ + &# = _____

10) /# : > = _____

11) $% · > = _____

Versuche einmal die Orgon-Rechenaufgaben links ins Irdische zu übersetzen und zu lösen.

Weitere Übungen

Magische Quadrate

Silenda fragt:
„Felix, hast du schon einmal von magischen Quadraten gehört?"

Felix:
„Nein, was ist das?"

Silenda:
„So eine Art Kreuzworträtsel mit Zahlen, bei dem du auf magische Weise immer wieder auf die gleiche Zahl kommst!"

*Kennst du magische Quadrate?
Nein?*

Aufgabe: Setze die Zahlen 1, 2 und 3 so in die Felder ein, dass die Summen der Zeilen, der Spalten und Diagonalen jeweils 6 ergeben.

Es gibt mehrere Lösungen. Wie viele hast du gefunden?

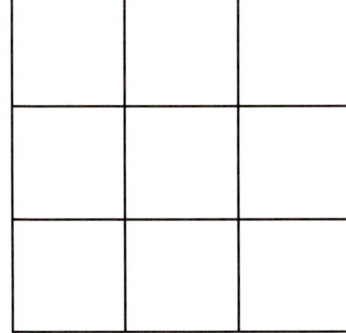

Suchspiele

Silenda zu Felix:
„Auf Orgon spielen wir auch gerne Suchspiele. Soll ich dir mal eins zeigen?
Du hast die Aufgabe, alle Zahlen anzustreichen, die durch 3 ganzzahlig teilbar sind, die also ein Vielfaches von 3 sind!"

Felix versteht:
„Also, wenn die 18, 36, oder 72 vorkommen, muss ich diese durchstreichen?"

Silenda bestätigt:
„Ja, genau, alle drei lassen sich ja durch 3 teilen!"

46	70	42	25	49	61	98	92	32	7	16	55	21
89	79	7	49	61	94	33	77	37	50	1	20	34
22	45	14	79	11	24	35	8	25	98	69	88	44
34	39	16	65	58	83	44	23	37	76	46	18	55
65	95	2	23	89	72	1	98	52	5	67	85	31
47	82	25	71	16	16	92	76	4	36	17	53	48
32	9	29	2	40	4	86	17	67	49	82	5	19
28	83	97	64	94	26	77	70	6	91	19	79	27
51	8	30	74	4	86	22	26	68	97	64	7	88
8	90	14	56	14	7	41	91	37	70	95	57	80
74	13	56	38	35	62	75	1	52	11	92	31	28
17	34	2	43	13	73	11	57	40	77	12	71	20
68	85	15	47	62	98	43	73	59	33	61	80	55

Traust du dir das auch zu? Streiche alle Zahlen durch, die ganzzahlig durch drei teilbar sind. Wie lange brauchst du dazu?

Silenda hat noch eine Idee:
„Sag mal, Felix, hast du eigentlich scharfe Augen?"

Felix ist erstaunt:
„Klar, Adleraugen sogar! Warum fragst du?"

Silenda erläutert es:
*„Die brauchst du für das nächste Spiel. Da musst du nämlich zwei
Bilder vergleichen und mit scharfem Blick die Unterschiede finden."*

Hier sind zwei übervolle Schreibtische gezeichnet, die sich nur auf den ersten Blick gleichen. Die Schreibtische unterscheiden sich in zehn Punkten voneinander! Finde diese zehn Unterschiede!

Streichholzübungen

Mit Streichhölzern kann man nicht nur Feuer machen, sondern auch kniffelige Denkaufgaben legen. Nimm aus der Figur drei Streichhölzer weg, sodass drei gleiche Quadrate entstehen.

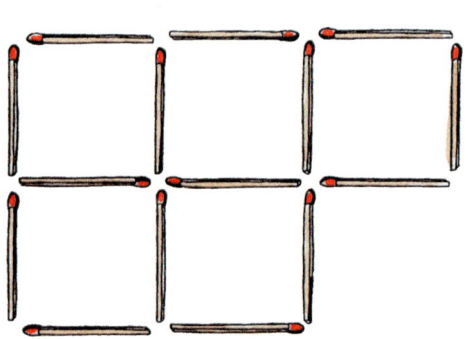

Nimm aus der Figur ein Streichholz weg, sodass drei Quadrate entstehen!

Wie viele Streichhölzer musst du umlegen, sodass fünf Quadrate entstehen?

3

Das Bearbeiten von Texten

Felix ist sauer:
„So ein Mist: ‚Ihr lernt nicht für die Schule, sondern fürs Leben.‘ Blablabla.“

Silenda:
„Was hast du denn?“

Felix grollt:
„Das ist der Spruch unseres Lehrers. Wir sollen einen Text lesen und uns das Wichtigste daraus merken.“

Silenda:
„Hast du nachgefragt, warum ihr das machen sollt?“

Felix wütend:
„Nee!“

Kennst du solche Situationen auch? Was könnte der Lehrer gemeint haben?

Sicherlich kann man nicht alles, was man in der Schule lernt, im späteren Leben gebrauchen. Aber bei Texten und dem Umgang mit ihnen ist das anders. Überall in unserem Leben treffen wir auf Texte, deren Inhalt wir uns merken wollen oder müssen. Denk nur einmal an die Filmbesprechungen in der Fernsehzeitung. Oder an Artikel in der Jugendzeitung usw.

Silenda:
„Wenn du weißt, wie man Texte bearbeitet, kannst du dir schnell das Wichtige herausfiltern und merken. Egal, um was für einen Inhalt es geht.“

Du lernst in diesem Kapitel die Bearbeitung von Texten, sodass du später weniger Zeit dafür brauchen wirst!

Als Erstes müssen wir unsere Augen trainieren. Denn gut geübte Augen sind ja die wichtigste Voraussetzung für das Lesen! Dazu dient die folgende Übung.

Versuche, nur mit deinen Augen durch das Labyrinth zu wandern. Bei welchem Ausgang kommst du raus?

Lesen mit Betonung

Silenda fragt:
„He, kannst du gut vorlesen, Felix?"

Felix zweifelnd:
„Na ja, es geht so! Manchmal klappt es ganz gut."

Silenda fragt weiter:
„Wann denn?"

Felix nachdenklich:
„Wenn ich den Text schon gut kenne, dann kann ich richtig cool betonen und so!"

Silenda rät ihm:
„Erfinde doch Sprechzeichen, die dir beim lauten Lesen Hinweise für die Betonung geben."

Wann gelingt es dir am besten, einen Text gut zu lesen? Macht es dir dann auch eher Spaß?

∿∿∿	diesen Teil/dieses Wort betonen
¬	Pause
→←	Gespräch (unterschiedliche Stimmen?)
↗	Stimme höher ↘ Stimme tiefer
.	betont
( )	ohne Pause weiterlesen
_____	erzählen
<	lauter werden > leiser werden

Hier findest du schon einmal einige Sprechzeichen, die du verwenden könntest.

Besonders gut wird es, wenn du den Text fast schon spielst.
Dazu brauchst du noch Zeichen für deine Sprechhaltung:

☺   fröhlich   ☹   wütend

Vielleicht brauchst du noch mehr Zeichen? Die kannst du dir ja selbst ausdenken!

Silenda:
„Überlege dir schon beim ersten Lesen, wie du den Text vorlesen willst und mache dir gleich deine Sprechzeichen."

Silenda hat wie immer Recht. Zum Üben ist hier für dich ein Text abgedruckt.

Trage deine Zeichen ein und lies den Text dann wie ein professioneller Radiosprecher.

. ↗   -   -   .   ↘
Überfall in einer Strumpffabrik
(.   -   . ↗   .   ↘)
Meldung der Hattenbacher Nachrichten

Am Montag wurde die Strumpffabrik „Duftende Socke" von fünf

maskierten Männern überfallen. Der Geschäftsführer wollte

abends nach dem Fabrikverkauf schließen, als die mit Strumpfmas-

ken maskierten Männer durch die Tür drängten. Schnell stießen sie

die Verkäuferinnen zur Seite und wollten die Kasse öffnen.

Weil aber die Schublade klemmte, bedrohte ein Räuber eine der

 Angestellten mit einem Messer. Diese bekam einen Asthma-

anfall. Als sie keuchend nach Luft rang, ließ der Räuber sie

erschrocken los und starrte einen Moment seine Kumpanen an.

Diesen Moment nutzte der Geschäftsführer der Fabrik, um drei der

Männer mit einem Werbeplakat zu Fall zu bringen. Geistesgegen-

wärtig setzten daraufhin die Verkäuferinnen die anderen beiden

mit Dekorationsstücken außer Gefecht. Sie fesselten die Täter mit

Damenstrümpfen und forderten sie auf, vernünftig zu sein.

Besonnen rief der Geschäftsführer die Polizei an und bat sie auch,

einen Rettungswagen mit Sauerstoffflasche für seine asthma-

kranke Angestellte zu schicken.

Der Prozess gegen die Täter wird im Mai stattfinden. Es wird damit

gerechnet, dass sie zu einer Haftstrafe verurteilt werden, weil auf

das Konto der Bande auch drei Tankstellen- und zwei Ladenüber-

fälle gehen.

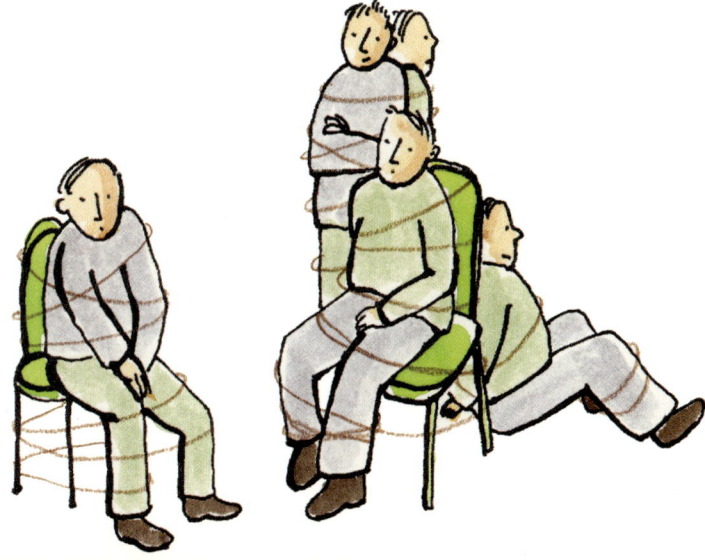

Wie du Texte verstehen kannst

Die SQ-3·R-Methode

„Peinlich! Gestern konnte ich alles noch!",
sagt Felix, als er über den Aufgaben des Deutschtests brütet.
Sie hatten den Text als Hausaufgabe auf und sollen jetzt den Inhalt
kurz wiedergeben.
*„Was stand da noch drin? Ich kann mich nicht mehr dran erinnern –
aber gestern hab ich doch noch alles gewusst. Oje, die Frau Asmussen wird mir das bestimmt nicht glauben!"*

Kennst du solche Situationen auch? Du konntest den Inhalt eines Textes einmal gut erzählen, und am nächsten Tag war alles wie weg?

Wie gehst du vor, wenn du einen Text lesen und den Inhalt lernen sollst?
Streichst du etwas an?
Schreibst du alles raus?

Vielleicht kann dir die folgende Methode helfen.

Silenda schwärmt:
*„Du brauchst die SQRRR-Supermethode vom Orgon, mit der du viel
Zeit sparst und dir Textinhalte besser merken kannst!"*

Felix fragt:
„Die Bitte-was-Methode?"

Silenda erläutert:
*„Die SQRRR-Methode. Die Buchstaben stehen für das Vorgehen beim
Bearbeiten von Texten!"*

Felix ist erstaunt:
„Ich versteh immer nur Bahnhof!"

Kennst du die SQRRR- oder
SQ-3·R-Methode? Nein?

Kürzel	Erklärung	Was ist zu tun?
S	englisch survey (durchschauen)	Der Text soll lediglich „überflogen" werden.
Q	englisch question (Frage)	Stelle Fragen zum Text, die dir beim ersten Überfliegen zum Thema kommen!
R	englisch read (lesen)	Genaues Lesen des Textes. Dabei sollst du die wichtigsten Stichworte markieren.
R	englisch recite (vortragen, erzählen)	Beantworte laut die anfangs gestellten Fragen mit deinen eigenen Worten!
R	englisch repeat (wiederholen)	Beantworte die Fragen zum Text nach einiger Zeit aus dem Gedächtnis!

Silenda rät Felix:
„Wenn du auf diese Weise einen Text liest, dir Fragen dazu stellst und sie dir laut selbst beantwortest, wirst du das meiste vom Text über lange Zeit behalten. Und dadurch wirst du auch viel Zeit sparen können."

Probiere die Methode am besten gleich aus. Dazu kannst du die Geschichte mit dem Überfall in einer Strumpffabrik nehmen.

Text handelnd umsetzen

Felix macht gern mal Quatsch. Dann nimmt er unterschiedliche Körperhaltungen ein, schneidet Grimassen wie bei einer Pantomime. Hier ist eine Übung, die du nachmachen kannst.

Lies dir die Anweisung zunächst in Ruhe durch.
Stelle die notwendigen Dinge bereit.
Unterteile den Text in Handlungsschritte.
Folge nun Schritt für Schritt den Handlungsanweisungen.
Wiederhole die Schritte, bis du zufrieden bist.
Wichtig ist: Lass dir Zeit!

Du brauchst für diese Übung einen Spiegel und etwas Geduld.

In wie viele Handlungsschritte musst du den Text unterteilen?

„Zungenbrecher" – die Übung mit der Zunge

Also: Nimm deine rechte Hand und gib deinem Hinterkopf einen leichten Schlag. In dem Moment, in dem du den Schlag ausführst, streckst du deine Zunge raus. Das muss so aussehen, als ob durch den Schlag deine Zunge rausfällt. Jetzt ziehst du mit deiner rechten Hand an deinem rechten Ohrläppchen. Dabei wandert deine Zunge nach rechts. Danach ziehst du mit der linken Hand an deinem linken Ohrläppchen. Deine Zunge wandert nach links. Damit deine Zunge wieder in den Mund wandert, musst du an deiner Nase ziehen. Geschafft! Ist alles wieder an seinem Platz?

Gruselfratze

Nimm beide Hände. Drehe die Hände so, dass du die Handrücken siehst. Dann spreize beide Daumen von den Händen ab und führe Sie zu deinen Mundwinkeln. Ziehe mit den Daumen deinen Mund ein wenig breit. Nimm dann beide Zeigefinger und lege sie unterhalb deiner Augen auf dein Gesicht. Jetzt führe Daumen und Zeigefinger leicht zusammen, sodass die Mundwinkel und die Haut unterhalb deiner Augen leicht zusammengeführt werden und deine Augäpfel vermehrt sichtbar werden. Schaue in den Spiegel. Wusstest du, dass du so große Augen hast?

Wie viele Handlungsschritte gibt es hier?

Die Kranichübung

Setze dich vor einen Tisch. Lege deinen rechten Unterarm auf die Tischplatte. Mache deinen Arm gerade (ganz geht es nicht, weil du sitzen bleiben sollst!). Nimm jetzt deine linke Hand und schlage mit der leicht gekrümmten Handfläche auf deinen rechten Oberarm. In dem Moment, in dem du dies tust, musst du mit dem gleichen Impuls den rechten Arm im Ellenbogen einknicken. Der Unterarm winkelt sich an. Nun vollführe blitzschnell einen Handkantenschlag mit deiner linken Hand auf das Handgelenk der rechten Hand. Diese wird dadurch scheinbar in Richtung Schulter gelenkt. Deine Fingerspitzen der rechten Hand zeigen also jetzt nach hinten. Unmittelbar darauf nimmt deine linke Hand die nach hinten gerichtete rechte Hand und dreht diese nach vorn (bei eingeknicktem Handgelenk). Blitzschnell tippt die linke Hand die rechte von hinten an, der Unterarm und damit auch die Hand beginnt leicht nach vorn und dann wieder leicht nach hinten zu pendeln. Das Ganze muss sehr zügig ohne Pausen geschehen.

Das ist eine Übung, die du wie die beiden vorherigen alleine machen kannst, die aber mit vielen anderen zusammen noch mehr Spaß macht.

Wie viele Handlungsschritte gibt es hier?

So kannst du Texte unterteilen

Silenda hat noch mehr Tipps für Felix:
„Die SQ-3-R-Methode kennst du ja inzwischen. Eine zweite Methode, um Gelesenes besser zu behalten, ist, den Text in sinnvolle Abschnitte zu gliedern. Das kann man lernen!"

Felix tut ganz wissend:
„Ach, das kenn ich schon: Den Abschnitten kann man dann Namen geben."

Silenda ist überrascht:
„Ja, genau. Die Namen der einzelnen Abschnitte kannst du dann nach der ‚Zimmer-Merktechnik' schnell auswendig lernen."

Da muss Felix aber passen:
„Wie bitte? Jetzt schnall ich ab! Zimmer-was-Technik?"

Zu der Zimmer-Merktechnik kommen wir etwas später! Zunächst müssen wir „Material" dafür bekommen. Dazu sollst du den unteren Text in Abschnitte unterteilen.

Lies den Text zunächst einmal aufmerksam durch und versuche die dem Text folgenden Fragen zu beantworten.

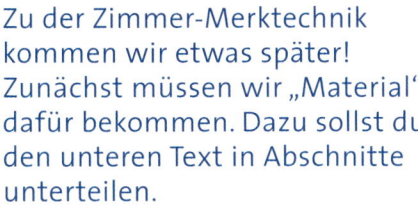

Zugvögel

Ein immer wieder bestauntes Wunder der Natur ist das Phänomen der Zugvögel. Dabei ziehen viele Vögel, wenn sich bei uns der Winter ankündigt, in den Süden unserer Erdhalbkugel. Dort haben sie bessere Chancen, zu überleben, weil dort dann der Sommer kommt und die Nahrung reichlich ist. So fliegt die Dorngrasmücke von Deutschland nach Afrika, obwohl sie nur faustgroß ist und so leicht wie ein Brötchen. Sie schafft diese enorme Leistung, indem sie sich vor der Reise viel Fett anfrisst. Das Fett dient der Dorngrasmücke als Energiespeicher. Es ist für sie eine Art Flugbenzin, das sie auf der langen Reise in ihrem Körper verbrennt. Um Energie zu sparen, baut sich während der Reise ihr Körper um. Ihr Darm und Magen verkleinern sich, ihre Muskeln vergrößern sich. Man könnte sagen, dass sie so Ballast abwirft: Für den Flug unwichtige Körperorgane werden verkleinert, die für den Flug wichtigen Organe werden vergrößert. Dadurch hat sie viel Kraft. Die Dorngrasmücke orientiert sich genau wie die anderen Zugvögel bei ihrem Flug an der Sonne,

den Sternen, dem Magnetfeld der Erde. Ist sie schließlich in der Nähe ihres Zielgebiets, richtet sie sich auch nach der Landschaft. Das Wissen um die Flugstrecke ist teilweise angeboren und teilweise von den Eltern erlernt.

Der Dorngrasmücke stehen für ihren Flug nur wenige Flugstrecken zur Verfügung, da sie es vermeidet, allzu große Strecken über dem offenen Meer zu fliegen. Über dem offenen Meer kann sie bei Erschöpfung nicht landen und sich nicht ausruhen. Ein Teil der Vögel wählt für den Weg nach Afrika deshalb eine Strecke über Spanien und die Meerenge von Gibraltar, ein anderer Teil nimmt den Weg über die Türkei, den Bosporus und Israel nach Afrika. Der Weg in den Süden ist nicht nur sehr lang und dadurch anstrengend, er ist auch sehr gefährlich. Neben natürlichen Fressfeinden lauern ihnen auf ihrem Zug nach Süden auch viele Menschen auf: In manchen Ländern gelten einige der Zugvögel als Delikatesse. Deshalb erreichen lange nicht alle Vögel unversehrt ihren Zielort. Aufgrund der zunehmend milden Winter in unseren Breitengraden überwintern immer häufiger einige Zugvögel bei uns. So auch die Dorngrasmücke. Auf diese Weise meiden diese Vögel die Gefahren des weiten Fluges. Warum einige Vögel ihr doch an sich angeborenes Verhalten abändern, ist unbekannt. Sicherlich können sie nicht die Vor- und Nachteile des Fluges gegeneinander abwägen. Oder doch?

Nimm dir nun ein Blatt Papier, beantworte schriftlich die folgenden Fragen und folge den Anweisungen:

Was ist das Hauptthema des Textes?
Wie viele Unterthemen kannst du entdecken?
Gib den Unterthemen Überschriften!
Unterstreiche nur die Wörter des Textes, die den Inhalt des jeweiligen Abschnittes gut kennzeichnen (Schlüsselwörter)!
Schreibe die Überschriften und die dazugehörigen Schlüsselwörter auf!

Jetzt kannst du den Inhalt des Textes schnell lernen, indem du den Inhalt mit deinen eigenen Worten wiederholst. Oder indem du die Lernmethode mit dem Zimmer von Seite 74 anwendest.

Mathematische Textaufgaben

Mit Mathematik, insbesondere mit Textaufgaben, steht Felix auf dem „Kriegsfuß". Er weiß, dass die Rechenaufgaben meist relativ leicht sind, aber ihm fällt das Verstehen der Aufgaben sehr schwer.

Silenda zu Felix:
„Wie wäre es, erst einmal ein Texträtsel zu machen, sozusagen als Einstimmung?"

Felix ist Feuer und Flamme:
„Klar, aber bitte etwas Lustiges."

Lies die Aufgabe aufmerksam durch! Stelle dir dann Fragen zur Aufgabe:
Was ist vorgegeben?
Was soll geschehen, was ist gefragt?
Fertige eine Zeichnung an, die dir das Problem verdeutlicht!

Ein Bauer will mit einem Wolfshund, einem Kaninchen und einem Kohlkopf zum Markt. Dazu muss er einen großen Fluss überqueren. Ein Kahn liegt am Ufer, der aber so klein ist, dass der Bauer mit ihm immer nur eine Sache befördern kann. Da der Hund nun das Kaninchen fressen würde und das Kaninchen den Kohl, wenn man sie allein ließe, muss der Bauer aufpassen, wen er jeweils am Ufer des Flusses zurücklässt. Wie kann er ohne weitere Hilfsmittel den Transport bewältigen?

Silenda rät:
„Stelle Dir den Ablauf vor. Vielleicht kannst du den Bauern, die Tiere und den Kohlkopf durch Gegenstände darstellen und das ganze dann einfach durchspielen."

Hast du es geschafft? Oder verzweifelst du auch schon?
Versuche die Aufgabe auch aus größerer Entfernung zu betrachten: Der Bauer kann mit seinem Kahn auch Sachen wieder zurücknehmen!

„Das geht doch gar nicht", sagt Felix.
„Irgendwann sind doch immer Hund und Kaninchen oder Kaninchen und Kohlkopf alleine am Ufer, und der Bauer ist mit dem Kahn unterwegs und kann nicht einschreiten, wenn die sich auffressen."

Silenda lacht nur:
„Du musst auch mal deine ausgetretenen Denkpfade verlassen!"

Silenda rät:
„Um Mathematik zu verstehen, muss man auch mathematische Vokabeln lernen."

Insbesondere für die vier Grundrechenarten gibt es mehr oder weniger kompliziert klingende Vokabeln, mit denen wir uns kurz beschäftigen müssen:

Silenda hat Recht! Diese Vokabeln erleichtern dann das Übersetzen von Textaufgaben in bekannte Rechenwege.

Summand plus Summand = Summe	z.B.: $8 + 9 = 17$	Addition
Minuend minus Subtrahend = Differenz	z.B.: $17 - 8 = 9$	Subtraktion
Faktor mal Faktor = Produkt	z.B.: $4 \cdot 3 = 12$	Multiplikation
Dividend durch Divisor = Quotient	z.B.: $12 : 3 = 4$	Division

Silenda fragt Felix:
„So, Felix, alles klar? Wie heißen also die Zahlen in einer Addition, die zusammengenommen die Summe ergeben?"

Welche Wörter gehören zu welcher Grundrechenart? Schreibe die Begriffe in die Tabelle:

geteilt, mal, subtrahiert, addiert, Produkt, Summand, Quotient, Divisor, Multiplikand, plus, Differenz, Multiplikator, Summe, Subtrahend, Dividend, Faktor, Summe, Minuend, minus

Addition	Subtraktion	Division	Multiplikation

Jetzt gehst du genauso vor, wie wir es schon weiter oben besprochen haben. Du gehst Schritt für Schritt vor, und zwar immer auf dieselbe Weise!

Bleib ruhig bei der Lösung der Aufgabe. Lass dir Zeit. Beantworte zunächst die Fragen: Was ist gefragt? Was ist gegeben?
Lies dann die Aufgabe nochmals aufmerksam durch und prüfe, welche Rechenart wohl gebraucht wird; achte dabei auf die Vokabeln. Schreibe dann den Rechenweg in deinen eigenen Worten hin. Eventuell ist es hier hilfreich, eine Zeichnung anzufertigen. Schreibe dann den Rechenweg in der Sprache der Mathematik auf und formuliere eine Gleichung. Rechne die Lösung aus. Schreibe zum Schluss einen ganzen Lösungssatz auf.

Lass uns schauen, ob wir die folgende Aufgabe gemeinsam lösen können:

Was ist gefragt?
Genau: Wie viel Meter legt Felix beim Knobeln zurück?

Wenn Felix an einer Textaufgabe knobelt, läuft er von einem Ende des Zimmers zum anderen. Sein Zimmer ist 4 Meter lang. Er läuft 26-mal hin und her.

Was ist gegeben?
Die Länge von Felix' Zimmer beträgt 4 Meter. Er durchschreitet das Zimmer 26-mal.

Welche Rechenart wird benötigt? Es muss sich um eine „Mal-Aufgabe" handeln.
Felix läuft 26-mal hin und her.

Jetzt schreiben wir uns die Rechnung einmal hin:
26 mal 4 Meter ist gleich der Anzahl der Meter, die Felix zurücklegt, also $26 \cdot 4 \, m = 104 \, m$.

Jetzt müssen wir noch den Antwortsatz aufschreiben: Felix legt 104 Meter zurück, während er an seiner Textaufgabe knobelt.

Hier einige Aufgaben zum Üben
der Fragestellungen und des
Rechnens. Versuche sie alleine
nach der oben vorgestellten
Methode zu lösen.

1) Felix kauft ein Buch für 6,45 DM, eine Tüte Gummibärchen für
3,55 DM und zwei Lose für je eine Mark. Er hatte 20,– DM mit.

_____

_____

a: Was ist gegeben?

*b: Was ist gesucht, wonach wird
gefragt?*

*c: Welche Rechenart wird
gebraucht? (Das erkennst du an
den verwendeten Vokabeln!)*

_____

_____

d: Lösungsweg

_____

e: Lösungssatz

2) Ein Zug fährt von Hamburg nach München. Er startet
um 7:30 Uhr in Hamburg und benötigt 7:45 Stunden
Fahrzeit für die Strecke. Auf seiner Fahrt macht er
in neun Städten Halt und verliert dabei jedes Mal 5 Minuten.

_____

_____

a: Was ist gegeben?

*b: Was ist gesucht, wonach wird
gefragt?*

*c: Welche Rechenart wird
gebraucht?*

_____

_____

d: Lösungsweg

_____

e: Lösungssatz

3) Felix ist 1,65 m groß. In seinem Klassenzimmer könnten sich acht Jungen seiner Größe hintereinander von Wand zu Wand legen.

a: Was ist gegeben? _____

b: Was ist gesucht, wonach wird gefragt? _____

c: Welche Rechenart wird gebraucht? _____

d: Lösungsweg _____

e: Lösungssatz _____

4) Felix und sein Freund Marc fahren mit dem Rad zur Schule. Felix muss 5 Kilometer fahren, Marc 3,5 km. Felix braucht 20 Minuten, sein Freund 12 Minuten. Felix meint von sich, er fahre schneller.

a: Was ist gegeben? _____

b: Was ist gesucht, wonach wird gefragt? _____

c: Welche Rechenart wird gebraucht? _____

d: Lösungsweg _____

e: Lösungssatz _____

4 Auswendiglernen

Allgemeine Tipps

Es führt kein Weg daran vorbei: Lernen ist Arbeiten, und dazu brauchst du Zeit. Aber wie schon in den vorigen Kapiteln erwähnt, kann Lernen auch Spaß machen, wenn man es richtig macht.

Silenda rät:
„Am schnellsten und besten lernt man auswendig, wenn man sich eine bildhafte Vorstellung von dem macht, was man lernen will oder lernen muss. Und wenn du ein Gedicht auswendig lernst, dann kannst du dir das Gedicht auch in mehrere Bilder zerlegen.“

Felix fragt:
„Du meinst, dass ich mir ein Bild oder einen Film mit einer Abfolge von Bildern vorstellen soll, wenn ich zum Beispiel ein Gedicht auswendig lernen will?“

Silenda antwortet:
„Ja, so in etwa. Du kannst aber noch viele andere Dinge lernen durch die intensive Vorstellung in Bildern; etwa die Überschriften von Textabschnitten und damit den Inhalt von ganzen Texten und Büchern und eine ganze Menge mehr!“

Silenda erinnert Felix noch einmal:
„Sorge aber auch immer für Abwechslung beim Lernen, indem du mal für das eine, dann wieder für ein anderes Fach lernst.“

Hast du eine Idee, was Silenda damit meint? Falls noch nicht so ganz, wird es dir im Verlauf dieses Kapitels deutlicher werden. Allgemein ist bei diesen Techniken wichtig, dass du dir ungewöhnliche, eher verrückte oder auch in Wirklichkeit, unmögliche Bilder vorstellst.

Gedichte leicht und mit Spaß gelernt

Wie lernst du Gedichte?
Hast du aus deiner Erfahrung
einen Tipp dafür?

Felix soll ein Gedicht auswendig lernen. Er hat dafür drei Tage Zeit.
Zunächst weiß er nicht, wie er anfangen soll.

Richtig. Er muss wahrscheinlich alles immer wiederholen. Aber
zunächst sollte er das Gedicht auch verstanden haben.

Silenda rät:
„Stelle dir Fragen zum Inhalt!"

Felix ist nicht so begeistert:
*„Warum denn das wieder? Ich soll das Gedicht doch bloß auswendig
lernen, das ist mir schon genug Arbeit."*

Da ist Silenda anderer Ansicht:
*„Wie willst du denn etwas auswendig können, was du
nicht verstanden hast?"*

„Na gut."
Felix ist einverstanden:
„Aber wie fange ich das am besten an?"

Die Fragen helfen dir, das
Gedicht besser zu verstehen.
Dies ist der erste Schritt dahin,
das Gedicht besser lernen zu
können.

*Stelle dir am besten folgende
Fragen und beantworte sie:*

- Gibt es Wörter, die du nicht kennst? Schlage sie in einem Wörter-
  buch oder in einem Lexikon nach.
- Gibt es Ausdrücke und Sätze, die nicht leicht zu verstehen sind?
  Schreibe sie mit deinen eigenen Worten nieder.
- Worum geht es in dem Gedicht?
- Welche Personen kommen vor?
- Wo ist das Gedicht besonders spannend, lustig oder interessant?
- Welche Gliederung hat das Gedicht?

Felix versucht es so. Nachdem er sich die Fragen beantwortet und das Gedicht verstanden hat, setzt er sich hin und schreibt das Gedicht auf ein Blatt Papier. Dann liest er sich kleine Abschnitte laut vor und wiederholt diese immer wieder. Wenn er einen Abschnitt auswendig kann, lernt er den nächsten, bis er am Schluss alles kann.

Versuche es einmal mit diesem Gedicht.

Auf dem Fliegenplaneten

Auf dem Fliegenplaneten,
da geht es dem Menschen nicht gut:
Denn was er hier der Fliege,
die Fliege dort ihm tut.

An Bändern voll mit Honig kleben
die Menschen dort allesamt,
und andere sind zum Verleben
in süßlichem Bier verdammt.

In einem nur scheinen die Fliegen
dem Menschen vorauszustehn:
Man bäckt uns nicht in Semmeln,
noch trinkt man uns aus Versehn.

Christian Morgenstern

Noch besser kannst du ein Gedicht lernen, wenn du das Gedicht spielst. Stelle dir vor, dass du auf einer Bühne bist.

Der Vorhang hebt sich, und du beginnst den Inhalt des Gedichts zu spielen. Du bewegst dich zum Gedicht, schneidest Grimassen und Fratzen, läufst herum und wedelst mit den Armen. So macht Auswendiglernen richtig Spaß!

Vokabeln

Felix ist verzweifelt:
„Immer diese Englischvokabeln! Stundenlang lese ich sie von vorne bis hinten und von hinten bis vorne durch und bin mir sicher, dass ich sie kann. Aber schon, wenn Marc mich die Vokabeln abhört, komme ich ins Stocken, und im Unterricht dann – oft kann ich mich nur noch erinnern, auf welcher Seite die Vokabeln stehen, der Rest ist einfach weg.“

Silenda lacht:
„Immer wieder das gleiche, Felix: Du musst mit dem, was du lernen willst, etwas tun!“

Felix stöhnt:
„Was kann man mit den blöden Vokabeln schon tun.“

Vokabeln kann man auf unterschiedliche Weise lernen:
• durch schlaues Wiederholen mit dem Vokabeltrainer,
• durch eine Methode, mit der du deinen Kopf überlistest,
• durch die einfache Beschäftigung mit ihnen.

Der Vokabeltrainer

Die Vorteile des Vokabeltrainers: Du schreibst die Vokabeln auf und tust so etwas mit ihnen, du sparst Zeit, weil du vor allem die Vokabeln wiederholst, die du noch nicht kannst, du kannst dich selbst abfragen und (fast) nicht schummeln.

Nun aber los, du brauchst folgende Dinge:
kleine Karteikärtchen (bekommst du im Schreibwarenladen), einen Kasten mit fünf Fächern, den du dir aus Pappe am besten selber baust.

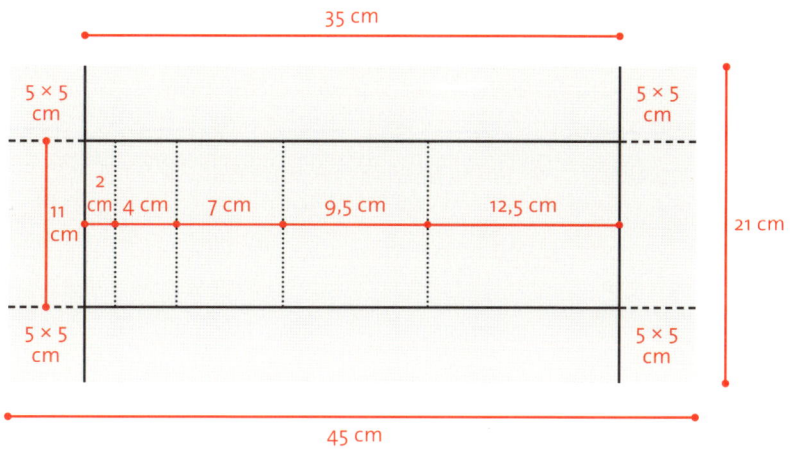

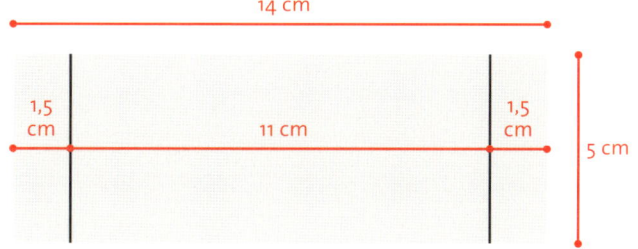

Die Linien malst du einfach auf ein 45 × 21 cm großes Stück feste Bastelpappe an den angegebenen Stellen auf.

Jetzt stellst du die Seiten auf und verbindest die schmalen mit den langen Seiten (kleben oder heften mit Heftklammern).

Du knickst die Enden der Trennwände und setzt diese in den Karton ein.

- - - - - - -
Die vier gestrichelten Linien schneidest du mit der Schere ein.

———
An diesen Linien knickst du die Pappe.

....
Auf diese Linien setzt du die Trennwände der Kammern.

Die vier Trennwände haben folgende Maße:

So sieht dein fertiges Werk aus.

Wie bedient man nun den Vokabeltrainer?

Du nimmst jeweils ein Kärtchen und schreibst auf die Vorderseite die deutsche Bedeutung und auf die Rückseite die Vokabel, die du lernen willst.

Das machst du zunächst mit zehn Kärtchen. Diese stellst du in das erste Fach.

Jetzt nimmst du die erste Karte aus Fach 1 und liest die Vokabel auf Deutsch. Weißt du die englische Bedeutung, die auf der Rückseite steht? Ja? Gut, dann stellst du die Karte ins Fach 2.
Nein? Macht nichts, du sagst dir das deutsche und englische Wort noch zwei- oder dreimal laut vor und stellst die Karte einfach wieder als hinterste ins Fach 1. Das machst du, bis alle Karten im Fach 2 sind.

Jetzt beschriftest du wieder zehn Karten mit Vokabeln (vorn deutsch, hinten englisch), stellst diese ins Fach 1 und verfährst mit ihnen wie mit den ersten Karten. Wenn Fach 2 voll ist, nimmst du zehn Karten aus Fach 2 und schaust, ob du die auf der Rückseite stehende Bedeutung noch weißt. Ja? Gut, ab damit ins Fach 3!
Nein? Zurück ins Fach 1 (und zwar nach hinten)!

Irgendwann ist auch Fach 3 voll. Dann nimmst du dir aus diesem Fach zehn Karten vor. Die Karten, deren Vokabeln du noch kennst, wandern ins Fach 4, diejenigen, die du nicht mehr kannst, wieder nach vorn ins Fach 1.

Nach einiger Zeit sind immer mehr Karten ins Fach 5 gewandert. Hin und wieder nimmst du aus diesem Fach zehn Kärtchen und schaust, ob du die Bedeutungen behalten hast. Wenn ja, kannst du die entsprechende Karte aus dem Kasten herausnehmen. Du kannst die Vokabel. Wenn nein, ab ins Fach 1!

Felix kann es kaum abwarten:
„Ich baue mir sofort so einen Vokabeltrainer. Damit kann ich sicher stundenlang Vokabeln lernen."

Silenda bremst ihn etwas:
„Folge den Anweisungen Schritt für Schritt! Vokabeln, die du nicht kennst, nach vorn, Vokabeln, deren Bedeutung du weißt, nach hinten – aber denke daran, dass du Pausen machst. Besser du lernst täglich zehn Vokabeln als einmal in der Woche 70!"

Methode der ähnlich klingenden Wörter

Silenda hat noch einen Vorschlag:
„Manchmal gibt es Vokabeln, die man sich einfach nicht merken kann. Dies siehst du daran, dass sie nicht aus Fach 1 ver-schwinden.

Um dir auch so eine störrische Vokabel merken zu können, kannst du dir einen Satz, in dem sie vorkommt auf die Karte schreiben. Dieser Satz könnte auch ein Reim sein. Wichtig ist, dass du dir eine genaue Vorstellung oder ein Bild von dem Inhalt des Satzes machst."

Vielleicht kannst du dir das Wort cow – Kuh nicht merken? Dann schreibst du dir vielleicht folgenden aus Deutsch und Englisch gemixten Satz auf: „The cow kaut Gras."

Ich denke, jetzt hast du die Vokabel schon gelernt. Insbesondere, wenn du dir gleichzeitig vorstellst, wie die Kuh das Gras kaut. Ist es vielleicht eine bunte Kuh? Eine braune Kuh? Riecht die Kuh?

Wie klingt die Vokabel? Mit welchem deutschen Wort hat sie Ähnlichkeiten? Wie lautet die Übersetzung? Stelle dir den im Deutschen ähnlich klingenden Gegenstand zusammen mit dem Gegenstand / Begriff in einem Bild oder einer Geschichte vor.

Ein Beispiel:
Brot – bread (mit einem ä-Laut gesprochen).
Klingt wie das deutsche Brett. Stelle dir nun ein großes, knuspriges, leckeres Brot auf einem Brett vor. Welche Farbe hat das Brett? Welche Farbe hat das Brot? Ist es ein Schwarzbrot oder ein Weißbrot? Und schon hast du die Vokabel gelernt!

Ein weiteres Beispiel?
Windstoß / Bö – gust (mit einem a gesprochen)
Stelle dir vor, wie ein Gast deiner Eltern am Tisch draußen sitzt und ein Windstoß ihm den Hut vom Kopf bläst. Der Hut fällt dabei in die Sahnetorte. Schon ist die Vokabel gelernt.

Eigentlich ganz leicht, nicht wahr? Die einzige Schwierigkeit besteht darin, ähnlich klingende Begriffe im Deutschen zu finden, die du dir bildlich vorstellen kannst. Aber je mehr du suchst, desto besser lernst du die Vokabel!

Immer wieder aufschreiben

Felix hat immer noch Fragen:
„Was ist, wenn ich mir Vokabeln einfach nicht merken kann und mir auch keine ähnlich klingenden deutschen Wörter als Hilfe einfallen? Was soll ich dann nur machen?"

Aufschreiben hilft auch bei hartnäckigen Wörtern. Schreibe die Vokabeln, die dir Probleme machen, noch einmal untereinander in eine Spalte. Die deutsche Bedeutung dann gegenüber in eine zweite Spalte. Decke nun die deutsche Bedeutung ab und versuche diese für jedes englische Wort zu nennen. Schaue kurz nach, ob du sie richtig genannt hast, indem du die Abdeckung etwas hinunterschiebst. Das machst du etwa mit zehn Vokabeln. Sage dir die deutsche und die englische Bedeutung immer laut vor, damit sich auch Mund und Ohr an die Vokabeln gewöhnen! Du darfst schließlich zu den nächsten zehn Vokabeln übergehen, wenn du alle zehn Übersetzungen richtig genannt hast.

Nachdem du die deutsche Spalte durchgegangen bist, deckst du die englische Seite ab und nennst für die dann vorliegende deutsche Bedeutung den englischen Begriff. Wieder zunächst nur zehn, bis du alle fehlerfrei genannt hast.

englisches Wort:	deutsche Bedeutung:
cow	Kuh
farmer	Bauer
meadow	Wiese
goat	Ziege
cock	Hahn
hen	Henne
hayloft	Heuboden
pigsty	Schweinestall
grass	Gras
scarecrow	Vogelscheuche

Probiere die verschiedenen Arten, Vokabeln zu lernen, aus. Nicht jeder lernt auf die gleiche Weise am besten, und für manche Vokabeln brauchst du besondere Tricks. Wichtig ist nur, dass du mit den Vokabeln immer etwas tust!

Die „Zimmer-Merktechnik"

Im Kapitel 1 „Grundlagen" kam eine Übung vor, bei der du dir möglichst schnell eine kleine Liste von Begriffen merken solltest. Die Methode, die wir jetzt vorstellen, ermöglicht es dir, auch eine Liste von Wörtern sehr schnell auswendig zu lernen.

Silenda hat Felix eine tolle Methode verraten, mit der er sich viele Begriffe hintereinander merken kann.
Wie war doch gleich die Wortliste? Ach ja:

Apfel, Teddy, Computer, Füller, Meise, Auto, Lehrer, Ente

Felix merkt sich solche Dinge folgendermaßen: Er macht die Augen zu und stellt sich sein Zimmer vor. Er stellt sich vor, in der Tür zu stehen: Links ist das Fenster, geradeaus der Schreibtisch mit einem Bord darüber und rechts daneben ein Regal als Raumteiler. Dann weiter rechts seine Kuschelecke. Gegenüber der Kuschelecke steht sein Bett, am Fuß des Bettes sein Kleiderschrank.

Jetzt kommt der Trick: Er stellt sich vor, dass der Apfel auf der Fensterbank liegt. Da der Apfel schon lange dort liegt, ist er schon ganz schrumpelig. Er hat seine alte Farbe verloren und fängt schon an manchen Stellen an zu schimmeln (igittigitt, denkt Felix). Geradeaus auf seinem Schreibtisch hat es sich sein Teddy gemütlich gemacht. Dabei hat er sich auf Papas Stempelkissen gesetzt und ist jetzt am Po ganz blau. Felix' Computer steht auch auf dem Schreibtisch und nimmt über die Hälfte der Schreibfläche ein.

„Hätte ich doch nur einen richtig guten Tower, der nimmt nicht so viel Platz weg. Oder noch besser einen Laptop, den könnte ich auch mit in die Schule nehmen",
denkt Felix.

Oh, was ist das? Der Füller steckt ja im Diskettenlaufwerk. Das hat bestimmt Conny, meine kleine Schwester, gemacht. Auf dem Füller sitzt eine Meise. Sie fliegt aber gleich zum Fenster raus. In dem Bord neben seinem Schreibtisch steht ein großes Modellauto. Doch merkwürdig, der Motor läuft ja!

„Hä? Was ist denn da los? Das ist ja ein richtiges Auto!",
sagt sich Felix. Den Lehrer, der in der Kuschelecke sitzt, hat Felix bisher gar nicht bemerkt.

Plötzlich sagt der Lehrer:
„Doch das gibt es, ich bin mit dem Auto hergekommen!"

Auf dem Schoß des Lehrers sitzt eine bunte Ente. Sie ist ganz bekleckert und hat schon die Hose des Lehrers schmutzig gemacht.

„Zum Glück ist alles nur ein Traum",
denkt Felix, doch so hat er sich schnell alle Begriffe merken können.

*Hast du sie auch mitgelernt?
Stelle dir einmal Felix' Zimmer
vor.*

*Links das Fenster. Was lag noch
auf der Fensterbank? Richtig, der
Apfel. Geradeaus der Schreibtisch –
der Teddy mit dem blauen Po.
Der große Computer, in dessen
Diskettenlaufwerk der Füller
steckt. Auf dem Füller die Meise.
Im Bord daneben das Auto mit
dem laufenden Motor. Der Lehrer
in der Kuschelecke mit der Ente
auf dem Schoß.*

Eigentlich ganz einfach.

Was hat Felix gemacht? Er hat sich ein ihm bekanntes Zimmer vorgestellt (er hätte auch das Wohnzimmer oder das Badezimmer nehmen können) und hat die Gegenstände, die er sich merken wollte, in seiner Fantasie in das Zimmer gebracht. Dabei hat er sich die Gegenstände ganz genau vorgestellt und einige Merkwürdigkeiten entdeckt.

Dieselbe Methode kannst du immer dann anwenden, wenn du dir eine Reihe von Gegenständen oder Aufgabenabfolgen merken musst. Du stellst dir einfach diese Gegenstände in einem dir bekannten Zimmer vor. Je verrückter, desto besser. So macht es sogar Spaß, sich Dinge zu merken.

Das Lernen von Formeln

Felix sitzt an den Mathematikaufgaben:
„Immer diese Mathe; die Formeln, die wir da lernen müssen, sind ja noch schlimmer als die Englischvokabeln! Wie soll ich mir die nur merken?"

Silenda rät ihm:
„Spiele mit den Formeln!"

Felix fragt nach:
„Wie soll ich denn mit Formeln spielen?"

Felix kann mit Formeln spielen, indem er irgendwelche Werte anstelle der Buchstaben (Variablen) in die Formeln einsetzt und schaut, wie sich die anderen Werte dann verändern.

Nehmen wir einmal die Grundformel der Prozentrechnung:

$$w = \frac{g}{100} \cdot p$$

w ist der Prozentwert,
g ist der Grundwert,
p ist der Prozentsatz.

Am besten sagst du es dir auch in Worten laut vor:
„Den Prozentwert w erhält man, wenn man den 100. Teil des Grundwerts g mit dem Prozentsatz p multipliziert."

Wie sieht z. B. der Prozentwert aus, wenn g und p gleich 1 sind? Lass es uns sehen:

$$w = \frac{1}{100} \cdot 1 \qquad = 1 : 100 \qquad \text{in Worten:} \qquad \text{ein Hunderstel}$$

Wie sieht der Prozentwert aus, wenn p = 50 ist und g = 4?

$$w = \frac{4}{100} \cdot 50 \qquad = 200 : 100 \qquad = 2$$

Bei manchen Formeln ist es auch möglich, sich ein Bild von dem Sachverhalt zu machen, der in der Formel ausgedrückt ist. Ein Beispiel?

Kennst du den Satz von Pythagoras: $a^2 + b^2 = c^2$?

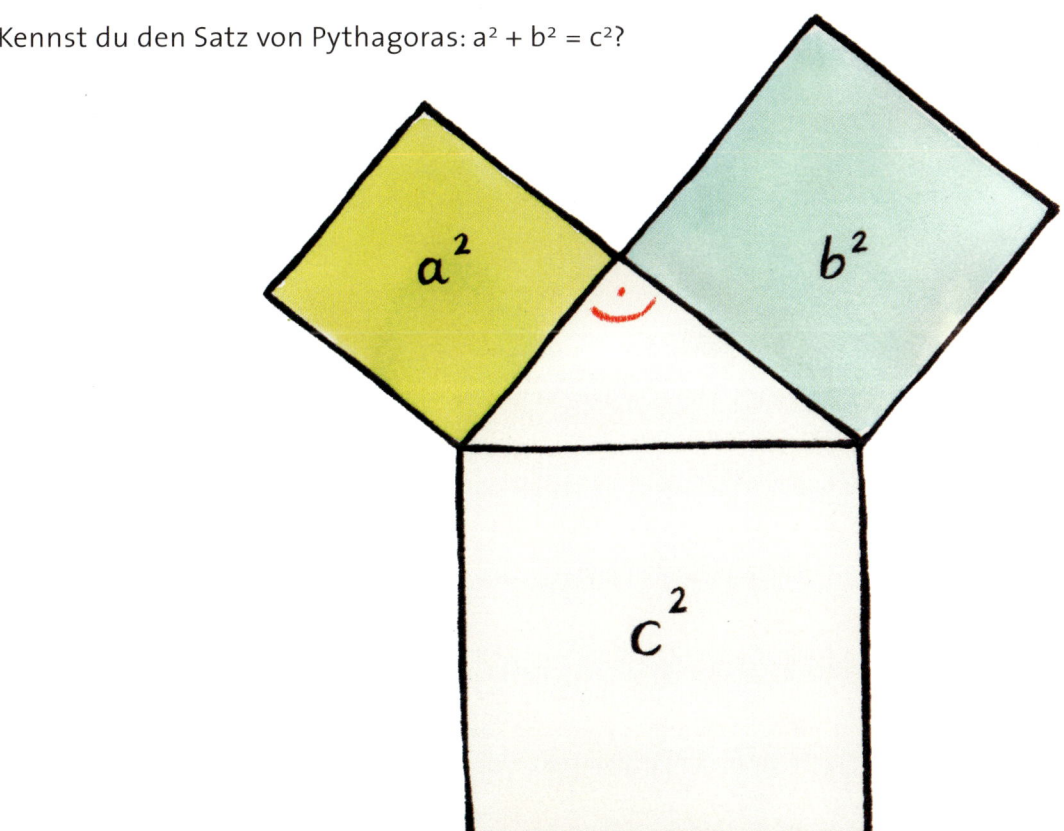

Den Satz „Im rechtwinkligen Dreieck ist der Flächeninhalt des Quadrats über der Hypotenuse gleich der Summe der Flächeninhalte der Quadrate über den Katheten" kannst du viel schwieriger behalten, als wenn du dir die Figur mit den drei Quadraten vorstellst und dir laut und rhythmisch vorsagst:
„a-Quadrat plus b-Quadrat gleich c-Quadrat."

Der Spickzettel

Felix fragt Silenda:
„Kennt ihr auf Orgon eigentlich auch Spickzettel?"

Silenda antwortet:
„Nein, ein Spickzettel, was ist das?"

Felix erklärt:
„Ein Spickzettel ist ein möglichst kleiner Notizzettel, auf dem das Wichtigste von dem, was man in einer Klassenarbeit wissen muss, aufgeschrieben ist und den du bei der Arbeit heimlich unter der Bank um Rat fragen kannst."

Silenda ist entgeistert:
„Was? Du willst bei der Klassenarbeit betrügen?"

Hast du dir schon einmal einen Spickzettel gemacht?

Erinnerst du dich, wie aufgeregt du warst, mit dem gut versteckten Spickzettel und in der Angst, entdeckt zu werden?

Hast du den Spickzettel überhaupt gebraucht?

Silenda überlegt:
„Aber vielleicht kann so ein Zettel ja auch ganz nützlich sein? Natürlich, ohne dann bei der Arbeit zu schummeln."

Vielleicht hat dein Lehrer euch verraten, was in der Arbeit abgefragt werden soll? Oftmals sagt ein Lehrer aber nur, dass das, was in der letzten Zeit im Unterricht behandelt wurde, Inhalt der Arbeit sein wird.

In jedem Fall musst du, bevor du einen Spickzettel anfertigst, eine Auflistung aller für die Arbeit relevanten Themen aufstellen! Schaue einmal in dein Heft und liste alle Überschriften von den in letzter Zeit behandelten Themen oder von den Inhalten, die der Lehrer genannt hat, auf einem Zettel auf. Jetzt hast du schon einen wichtigen Teil der Arbeit und des Lernens verrichtet. Im Ernst! Denn du hast jetzt schon herausgesucht, welche Themen für die Arbeit wichtig sind. Dabei sind dir sicherlich zu einigen Themen auch schon Dinge durch den Kopf gegangen! Jetzt musst du die Überschriften mit Inhalt füllen:

Nimm nun weitere Zettel und schreibe in deinen Worten zu jeder Überschrift alles auf, was wichtig ist. Dies sollte noch sehr ausführlich geschehen. Alles, aber wirklich alles muss jetzt herausgeschrieben werden. Nichts darf ausgelassen oder vergessen werden! Du kannst ja in deinem Heft oder in einem Lehrbuch nachschlagen, falls du die Inhalte noch nicht weißt oder wieder vergessen hast.

Dann musst du diesen großen Zettel auf einem kleineren zusammenfassen. Suche also das Wesentliche und unterstreiche die wichtigsten Worte, die den Inhalt gut wiedergeben. Jetzt schreibe die Überschriften und die dazugehörigen unterstrichenen Worte auf einen kleineren Zettel.

Während du die Inhalte aufschreibst, solltest du dir alles, was du schreibst, laut vorsprechen.

Ein letzter Schritt zum Spickzettel besteht darin, diesen Zettel jetzt nochmals auf einen kleinen Zettel in sehr kleiner Schrift abzuschreiben. Je kleiner, desto besser! Auch hierbei solltest du dir wieder das, was du schreibst, laut vorsprechen.

Fertig ist der Spickzettel.

Silenda fasst zusammen:
„Also, wenn du so eine Spickzettel machst, brauchst du fast nichts mehr zu lernen. Allein durch die Beschäftigung mit den Inhalten der Klassenarbeit hast du alles im Kopf.

Lies den Zettel vor Arbeit noch einmal durch, aber stecke ihn dann weg – du brauchst ihn nicht mehr. Du bist dann perfekt vorbereitet!"

5 Lernen mit anderen

Silenda ermuntert Felix:
„Du kannst doch auch mal mit anderen zusammen lernen. Das macht viel mehr Spaß, und ihr könnt euch bei fast allem gegenseitig helfen. Nur den reinen Paukstoff, den solltest du doch besser alleine lernen!"

Felix fragt:
„Also Vokabeln, Mathe-Formeln, Gedichte und so?"

Silenda erläutert:
„Genau. Aber später zur Kontrolle könnt ihr euch wieder gegenseitig helfen!"

Felix fragt:
„Wie finde ich denn Leute, die mitmachen?"

Silenda rät ihm:
„Am einfachsten du sprichst andere Schüler an. Frage doch erst einmal deine Freunde!"

Felix zweifelt:
„Und wenn die nicht wollen?"

Silenda fällt eine Alternative ein:
„Du könntest auch einen Zettel am schwarzen Brett für euch Schüler aufhängen!"

Hast du schon mal daran gedacht, mit jemand zusammen zu lernen? Nein? Dann probiere es doch einmal aus. Lernprofis wie zum Beispiel Studenten wissen, dass Lernen in der Gruppe viele Vorteile hat. Man kann sich umfangreiche und schwierige Aufgaben teilen, man kann sich gegenseitig abfragen und hat außerdem viel Spaß miteinander. Gut ist, wenn du Experten für die verschiedenen Themen in der Lerngruppe hast.

Dein Zettel könnte zum Beispiel so aussehen:

Silenda rät:
„Eine Lerngruppe bringt aber nur Erfolg, wenn ihr euch alle darauf auch vorbereitet."

Felix versteht:
„Man sollte absprechen, was bei den Treffen behandelt wird und wer was lernt oder vorbereitet?"

Silenda stimmt zu:
„Genau, die anderen können nämlich nicht für dich lernen!"

Helfen und helfen lassen

In einer Lerngruppe kann man sich aber nicht nur zum Vokabel-
abfragen treffen. Ihr könnt auch schwierige Texte besprechen, die
ihr für Deutsch lesen solltet, oder auch nur die Lösungen der
Mathematikaufgaben vergleichen.

Felix fragt:
*„Du meinst, ich kann dann Fragen stellen, die ich mich sonst nicht zu
stellen getraue?"*

Silenda stimmt ihm zu:
*„Klar. In so einer Gruppe kommt viel Wissen zusammen. Meistens
weiß ein anderer Mitschüler schon weiter und kann es dir erklären!
Wichtig ist aber, dass ihr euch gut versteht und niemand
Angst hat, sich vor den anderen zu blamieren."*

Kennst du solche Situationen,
in denen du anderen bei etwas
helfen konntest? Wo du sie
nicht hast abschreiben lassen,
sondern ihnen wirklich etwas
erklärt hast? Oder eine Situation, in der dir jemand etwas
erklärt hat?

Eine Lerngruppe kann genau dies leisten! Dadurch, dass mehrere
(am besten sind es drei bis vier) zusammenkommen, ist die Chance
groß, dass zumindest einer immer die Lösung weiß.

Hilfestellung beim Üben von Diktaten

Felix stöhnt über die Diktate in Deutsch:
„Kann ich die blöden Diktate nicht auch mit anderen üben? Immer wenn meine Lehrerin anfängt zu diktieren, habe ich Angst, etwas zu verpassen, und dann kann ich mich gleich überhaupt nicht mehr konzentrieren."

Silenda weiß Abhilfe:
„Frage einmal deine Lehrerin, ob sie Übungsdiktate für dich hat. Die könnt ihr dann in der Gruppe machen: Einer liest vor, und die anderen schreiben."

Falls sie dir keine Diktate geben kann, frage sie nach Büchern, in denen du Diktate finden kannst. Du kannst sie dir dann vielleicht in deiner Bücherei ausleihen.

Eine weitere Möglichkeit ist, dass ihr die Diktate selber erfindet. Jeder schreibt eine kleine Geschichte auf, die er dann den anderen diktiert. Inhalt der Geschichten kann alles sein, was dich interessiert. Vielleicht eine Geschichte über Tiere oder eine Geschichte mit Freunden, die etwas zusammen erleben, vielleicht sogar eine Geschichte zum Gruseln. Auf jeden Fall solltet ihr dann aber ein Rechtschreiblexikon dabei haben, um sicher zu gehen, dass ihr keine Fehler macht!

Die Texte diktiert dann immer einer in der Gruppe den anderen! Beim Diktieren liest man immer zunächst den ganzen Satz vor, und alle hören zu. Im Anschluss daran wird jeder Satz langsam und in kleinen Abschnitten zum Mitschreiben vorgelesen.

Hinterher könnt ihr dann Lehrer spielen. Vielleicht macht es euch sogar Spaß, das Geschriebene mit einem Rotstift zu korrigieren? Hier ist es wichtig, dass ihr das Wort in korrekter Rechtschreibung daneben schreibt und euch einprägt. Je mehr Fehler ihr macht, desto mehr könnt ihr nachschlagen, korrigieren und lernen!

Gegenseitiges Abhören

Silenda rät:
„Beim Abhören von Vokabeln oder Formeln solltet ihr fair zueinander sein. Keiner weiß wirklich alles!"

„Was meinst du damit?", will Felix wissen.

Wenn ihr euch gegenseitig Vokabeln abhört oder sonst irgendeinen Stoff abprüft, müsst ihr bestimmte Regeln beachten.

A: Regeln für den, der abfragt:

1. Stelle deine Fragen so, dass sie auch beantwortet werden können.

2. Lass den anderen in ganzen Sätzen antworten.

3. Bevor du korrigierst, lass deinen Lernpartner ausreden.

4. Stelle zunächst einfache Fragen und erst dann schwierigere.

5. Lache den anderen nicht aus! Jeder macht Fehler.

B: Regeln für den, der abgefragt wird.

1. Beantworte, wenn möglich, die Frage in ganzen Sätzen.

2. Versuche die Frage zunächst zu beantworten, bevor du eine Hilfe verlangst.

3. Gib auch zu, wenn du mal was überhaupt nicht weißt.

4. Akzeptiere die Fragen deines Lernpartners, bald fragst du selbst.

Auf die Plätze, fertig, ...

Hier findet ihr einige Aufgaben, die ihr um die Wette lösen könnt. Wer ist schneller fertig?

1) Für dieses Spiel braucht ihr jeweils ein Lexikon. Es gilt, die folgenden fünf Begriffe so schnell wie möglich zu finden und als Beweis die Seitenzahl zu notieren.

1. Jemen
2. Grundgesetz
3. Walderdbeere
4. Unterschutzstellung
5. Erle

2) Für dieses Spiel müsst ihr das Abc gut kennen.
Ihr braucht jeder einen genügend großen Zettel und einen Stift.

Finde für jeden Buchstaben des Alphabets drei Wörter, die mit dem jeweiligen Buchstaben beginnen, und schreibe sie auf!

Wer ist am schnellsten? Der darf „Stopp" sagen. Wichtig: Ein anderer muss die geschriebenen Wörter noch gut entziffern können; für jedes richtige Wort gibt es einen Punkt.

Wurde ein Wort von zweien aufgeschrieben, so zählt es nicht mehr: Ihr müsst also schnell sein und trotzdem nicht die allereinfachsten Wörter aufschreiben!

3) Eine kniffelige Denkübung:

Verbinde alle Punkte mit vier geraden Linien, ohne den Stift auch nur einmal abzusetzen!

Unmöglich? Nein – du darfst die Striche auch über die Figur hinaus ziehen.

Wer von euch findet zuerst die Lösung? Vielleicht findet ihr sie auch gemeinsam leichter?

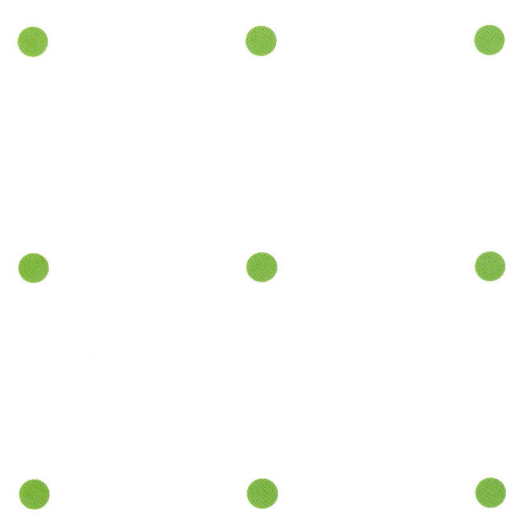

Silendas Abschied

Silenda bastelt wie so oft an ihrem Raumgleiter. Da Felix an diesem Tag nichts anderes vorhat, verabredet er sich mit ihr. Ihr Raumschiff fasziniert ihn immer wieder. Als er es das erste Mal sah, konnte er nicht glauben, dass so ein komisches Ding überhaupt fliegen kann. Silenda hatte es ihm dann wie immer bewiesen.

Sie flogen gemeinsam über die Stadt. Das war toll. Alles konnte man von da oben sehen. Wenn man etwas genauer ansehen wollte, brauchte man nur eine Ausschnittsvergrößerung am Fenster anklicken und schon war es ganz nah, direkt im Fenster. Das Raumschiff konnte auch auf der Stelle in der Luft stehen bleiben oder schneller als das Licht durch die Atmosphäre gleiten. Ein tolles Ding!

Heute bastelt Silenda aber ganz anders als sonst an ihrem Raumgleiter. Sie macht alles viel gründlicher und gewissenhafter.
Sie macht auch so komische Andeutungen. Was hat das zu bedeuten? Na klar, Silenda macht den letzten Check vor ihrer Rückreise nach Orgon. Ohne dass Silenda etwas sagen muss, weiß auch Felix, worum es geht. Er wird traurig. Trotzdem fragt er Silenda, um sicherzugehen:
„Du fliegst bald wieder nach Hause?"

Silenda bestätigt:
„Ja, ich muss noch heute Nacht abfliegen. Es ist etwas kompliziert, das zu erklären. Es hat etwas mit der Anordnung der Sterne zu tun."

Felix versteht nichts:
„Willst du mich auf den Arm nehmen?"

Silenda beruhigt ihn:
„Nein, bestimmt nicht! Mein Raumschiff bezieht seine Energie aus der Bewegung der Sterne. Heute Nacht sind viele Sterne der Erde sehr nahe, sodass ich ihnen maximal Energie abziehen kann für meinen weiten Flug."

Felix versteht zwar immer noch nichts, lässt sich aber nichts anmerken:
„Wie lange wirst du denn wegbleiben?"

„Für einige Jahre sicherlich!",
antwortet Silenda.

Felix bekommt es mit der Angst zu tun:
„Aber wie soll ich dann die Schule schaffen?"

„Du hast doch schon so viele Lerntipps von mir bekommen. Wenn du die regelmäßig anwendest, kann dir nichts mehr passieren!",
entgegnet Silenda.

Im Grunde weiß Felix das auch, er war aber immer etwas sicherer, wenn er Silenda in seiner Nähe wusste:
„Schade, dass du gehst, du wirst mir fehlen!"

Silenda erwidert:
„Du wirst mir auch fehlen, Felix."

Sie nimmt Felix' linke Hand und legt diese auf ihren Kopf. Gleichzeitig tut sie dasselbe mit ihrer linken Hand. Felix kennt das schon – es ist die Art, auf die man sich auf Orgon verabschiedet.

„Machs gut, Silenda, und pass auf dich auf!",
sagt Felix.
„Ich glaube, ich gehe dann lieber wieder. Du brauchst die Zeit zum Durchchecken."

Silenda nickt. Felix verlässt das Raumschiff und winkt ihr noch einmal zum Abschied zu.

Lösungen

Seite 20 / 21:
Silendas Herkunft: e = 131 / ab = 4 / rs = 2
Silendas Reise zur Erde: e = 145 / ab = 3 / rs = 2

Seite 24:
Die Antworten 2, 4 und 10 sind hilfreich.

Seite 30:
12 sichtbare Schnittpunkte, 2 unsichtbare, 2 Ellipsen mit nur zwei Schnittpunkten, keine mit drei und 4 mit vier und mehr Schnittpunkten

Seite 33:
1 Schulferien, 2 Kur, 3 Kette, 4 Ameise, 5 Eis, 6 Ehre, 7 Ader, 8 Atoll, 9 Eber, 10 alt, 11 rot, 12 Smog, 13 Fee, 14 Ende, 15 Zuckerwatte, 16 Terz, 17 Acker, 18 oft, 19 Dromedar, 20 Hut, 21 Urteil, 22 Nase, 23 Ei, 24 Ehe, 25 irr, 26 Lakritze, 27 Ost, 28 Leim, 29 Flieder, 30 eng, 31 Soko, 32 Ohr, 33 Fett, 34 Ente, 35 wo, Lösungswort: Silenda

Seite 34:
Lernen macht Spaß!

Seite 35:
siehe Tabelle links!

E	L	S	T	A	D	I	O	N	E	R	I	M
F	S	K	A	T	E	N	R	E	T	N	I	Y
H	J	A	S	A	L	A	T	E	T	C	I	S
V	S	T	K	I	I	W	M	E	C	O	D	T
G	F	E	I	P	L	A	R	X	G	T	S	E
B	D	R	E	T	I	E	L	G	M	U	A	R
N	S	L	P	L	M	I	N	U	I	M	T	I
P	E	L	S	P	O	A	K	D	B	E	P	U
O	T	B	Z	U	G	W	Q	D	A	R	A	M

Seite 36:

Begriff 1	Begriff 2	Lösung
Weinflasche	Gurkenglas	Behältnisse
Bleistift	Füller	Schreibgeräte
Kassette	CD	Tonträger
Kartoffel	Zwiebel	Gemüsearten
Mars	Erde	Planeten
Mutter	Großvater	Verwandte
Präsident	Direktor	Führungs-personen
Lineal	Thermometer	Messgeräte
D-Mark	Euro	Währungen
Eule	Bussard	Vögel
Hammer	Schraubenzieher	Werkzeuge
Fernsehen	Zeitung	Medien
Katze	Käfer	Tiere
Kaffee	Zigaretten	Genussmittel

Seite 41:

1) Abart
2) Aberglaube
3) Abscheu
4) Aggregat
5) Album
6) Amtsgericht
7) Anchovis
8) Anhang
9) Apanage
10) Aqua
11) Arkade
12) Aufbruch
13) Avocado
14) Azoren
15) Azur

Seite 42:

$$I\,G\,I + B\,H\,F + C\,I\,D + D\,F\,B = B\,A\,B\,A$$
$$\underline{9\,7\,9} + \underline{2\,8\,6} + \underline{3\,9\,4} + \underline{4\,6\,2} = 2\ 1\ 2\ 1$$

Seite 43:

1) $36 : 12 = 3$
2) $45 \cdot 7 = 315$
3) $23 - 15 = 8$
4) $52 + 67 = 119$
5) $78 - 56 = 22$
6) $63 : 3 = 21$
7) $94 - 41 = 53$
8) $89 \cdot 7 = 623$
9) $34 + 62 = 96$
10) $72 : 9 = 8$
11) $45 \cdot 9 = 405$

Seite 44:

Es gibt vier Lösungen:

2	1	3
3	2	1
1	3	2

3	1	2
1	2	3
2	3	1

2	3	1
1	2	3
3	1	2

1	3	2
3	2	1
2	1	3

Seite 45:

46	70	42	25	49	61	98	92	32	7	16	55	21
89	79	7	49	61	94	33	77	37	50	1	20	34
22	45	14	79	11	24	35	8	25	98	69	88	44
34	39	16	65	58	83	44	23	37	76	46	18	55
65	95	2	23	89	72	1	98	52	5	67	85	31
47	82	25	71	16	16	92	76	4	36	17	53	48
32	9	29	2	40	4	86	17	67	49	82	5	19
28	83	97	64	94	26	77	70	6	91	19	79	27
51	8	30	74	4	86	22	26	68	97	64	7	88
8	90	14	56	14	7	41	91	37	70	95	57	80
74	13	56	38	35	62	75	1	52	11	92	31	28
17	34	2	43	13	73	11	57	40	77	12	71	20
68	85	15	47	62	98	43	73	59	33	61	80	55

Seite 46 / 47:

Seite 48:

1. Figur: 2. Figur:

3. Figur: Du musst kein Streichholz wegnehmen; es liegen bereits fünf Quadrate vor: vier kleine und das umschließende große Quadrat.

Seite 50:

Seite 58 / 59:
Es gibt **sechs** Unterthemen:

Einleitung
Ein immer wieder bestauntes Wunder der Natur ist das Phänomen der Zugvögel. Dabei ziehen viele Vögel, wenn sich bei uns der Winter ankündigt, in den Süden unserer Erdhalbkugel. Dort haben sie bessere Chancen zu überleben, weil dort dann der Sommer kommt und die Nahrung reichlich ist.

Die Dorngrasmücke baut ihren Körper um
So fliegt die Dorngrasmücke von Deutschland nach Afrika, obwohl sie nur faustgroß ist und so leicht wie ein Brötchen. Sie schafft diese enorme Leistung, indem sie sich vor der Reise viel Fett anfrisst. Das Fett dient der Dorngrasmücke als Energiespeicher. Es ist für sie eine Art Flugbenzin, das sie auf der langen Reise in ihrem Körper verbrennt. Um Energie zu sparen, baut sich während der Reise ihr Körper um. Ihr Darm und Magen verkleinern sich, ihre Muskeln vergrößern sich. Man könnte sagen, dass sie so Ballast abwirft: Für den Flug unwichtige Körperorgane werden verkleinert, die für den Flug wichtigen Organe werden vergrößert. Dadurch hat sie viel Kraft.

Orientierung
Die Dorngrasmücke orientiert sich genau wie die anderen Zugvögel bei ihrem Flug an der Sonne, den Sternen, dem Magnetfeld der Erde. Ist sie schließlich in der Nähe ihres Zielgebiets, orientiert sie sich auch nach der Landschaft. Das Wissen um die Flugstrecke ist teilweise angeboren und teilweise von den Eltern erlernt.

Flugwege
Der Dorngrasmücke stehen für ihren Flug nur wenige Flugstrecken zur Verfügung, da sie es vermeidet, allzu große Strecken über dem offenen Meer zu fliegen. Über dem offenen Meer kann sie im Fall der Erschöpfung nicht landen und sich ausruhen. Ein Teil der Vögel wählt für den Weg nach Afrika deshalb eine Strecke über Spanien und die Meerenge von Gibraltar, ein anderer Teil nimmt den Weg über die Türkei, den Bosporus und Israel nach Afrika.

Gefahren unterwegs
Der Weg in den Süden ist nicht nur sehr lang und dadurch anstrengend, er ist auch sehr gefährlich. Neben natürlichen Fressfeinden lauern ihnen auf ihrem Zug nach Süden auch viele Menschen auf: In manchen Ländern gelten einige der Zugvögel als Delikatesse. Deshalb erreichen lange nicht alle Vögel unversehrt ihren Zielort.

Überwinterung
Aufgrund der zunehmend milden Winter in unseren Breitengraden überwintern immer häufiger einige Zugvögel bei uns. So auch die Dorngrasmücke. Auf diese Weise meiden diese Vögel die Gefahren des weiten Fluges. Warum einige Vögel ihr doch an sich angeborenes Verhalten abändern, ist unbekannt. Sicherlich können sie nicht die Vor- und Nachteile des Fluges gegeneinander abwägen. Oder doch?

Seite 60:
Der Bauer muss sieben Mal übersetzen:
1) Er bringt zuerst das Kaninchen hinüber.
2) Er fährt wieder zurück.
3) Er bringt den Wolfshund hinüber.
4) Er bringt das Kaninchen wieder zurück.
5) Er bringt den Kohlkopf hinüber.
6) Er fährt wieder zurück.
7) Er bringt nun auch das Kaninchen wieder hinüber.

Seite 61:

Addition	Subtraktion	Division	Multiplikation
addiert	subtrahiert	geteilt	mal
Summand	Differenz	Quotient	Produkt
plus	Subtrahend	Divisor	Multiplikand
Summe	Minuend	Dividend	Multiplikator
	minus		Faktor

Seite 63 / 64:

1)
a: Wie viel Geld behält er?
b: 6,45 DM; 3,55 DM; 2 · 1,– DM
c: Multiplikation; Addition; Subtraktion
d: 20 DM – (2 · 1,– DM + 6,45 DM + 3,55 DM) = 8 DM
e: Felix behält noch 8,– DM übrig.

2)
a: Wann kommt der Zug in München an?
b: Startzeitpunkt; reine Fahrtzeit, Zeit für die Aufenthalte zwischendurch
c: Addition
d: (7:45 Std. + 9 · 0:05 Std.) + 7:30 Uhr = 16:00 Uhr
e: Der Zug kommt um 16:00 Uhr in München an.

3)
a: Wie lang ist das Klassenzimmer?
b: 8 Jungen mit 1,65 m Körpergröße
c: Multiplikation
d: 8 · 1,65 m = 13,2 m
e: Das Klassenzimmer ist 13,2 m lang.

4)
a: Wer von beiden fährt schneller?
b: Zeit von Felix: 20 min für 5 km
   Zeit von Marc: 12 min für 3,5 km
c: Division; Multiplikation
d: Wievielmal passen 20 Minuten in eine Stunde?

60 : 20 = 3
3 · 5 km = 15 km
Felix fährt 15 km/h schnell.

Wievielmal passen 12 Minuten in eine Stunde?
60 : 12 = 5
5 · 3,5 km = 17,5 km
Marc fährt 17,5 km/h.
e: Felix fährt langsamer als sein Freund Marc.

Seite 89:

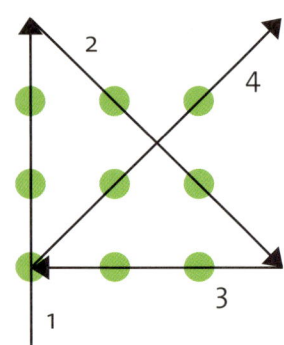